Danksagung

*Mein allerherzlichster Dank gilt
Alexander Palienko als meinem spirituellen Lehrmeister sowie Henrike Graef, die meine Gedanken korrigiert hat. Ebenso herzlich bedanke ich mich bei Nikita Kuznetsov und Madeleine Trautmann sowie Danke für Eure Geduld und Hingabe!*

Oksana Trautmann

Warum dieses Buch?

Im Leben gibt es keine Zufälle - und es ist auch kein Zufall, dass Sie in diesem Moment dieses Buch lesen. Das bedeutet, dass Sie zu den besonderen Menschen gehören, die schon viel Lebenserfahrung haben sammeln können und dass Ihre Seele bereits einen langen Weg bis hierhin gemacht hat; dass Sie bereits viele frühere Leben hinter sich gelassen haben und Sie nach etwas verlangen, was Sie weiterentwickeln könnte.

Das heißt wiederum, Sie sind wie ein Kapitän ihres eigenen Schiffes und nehmen Kurs in Richtung Glück. Ich wünsche Ihnen bei dieser Reise einen günstigen Wind!

Nach meinen Erfahrungen mit Esoterik und vielen Beratungen von Patienten habe ich festgestellt, dass die Beziehungen zwischen Männern und Frauen die wichtigste Rolle in unserem Leben spielen.

In meinem ersten Buch „ Alles vergeht, Erleuchtung bleibt", welches im März 2013 erschienen ist, hatte ich meinen Spirituellen Weg und meine Erfahrungen mit der Energetischen Heilung von Patienten beschrieben und die Göttliche Ordnung, welche dahinter steht.

Warum passiert es uns so oft, dass wir ein Buch lesen, aber daraus nur sehr wenig für unser Leben entnehmen können? Beim Lesen von manchen Büchern fühlt man sich hinterher sogar noch schlechter als vorher. Erfahrungsgemäß gib es nur wenige

Bücher, die Sie weiterbringen können. Manchmal ist in einem Buch nur weniges enthalten was man als interessant empfindet und was man für sich mitnehmen kann - so viele Worte und so wenig Sinn, was steckt dahinter?
Über das Thema: Männer und Frauen wurden bereits sehr viele Bücher geschrieben, warum sollte ich noch eines schreiben? Das habe ich mich am Anfang -selbst gefragt. Deswegen habe Ich versucht Ihnen in diesem Buch mehrere Informationen über verschiedene Themen zu geben und hoffe, dass mir das gelungen ist.

Aber es ist wichtig zu verstehen, dass die Beziehungen zwischen Männern und Frauen an der ersten Stelle stehen, danach kommt die Umgebung, wo die Liebe stattfinden soll und dann erst kommt alles andere im Leben, wie zum Beispiel Kinder, Arbeit, Eltern, Hobby...
Aus vielen Büchern über Gesundheit, Geschichte, Esoterik, Gott und die Welt wollte ich herausfinden: Wer sind wir? Wofür kommen wir in dieses Leben? Welche Aufgaben haben wir als Menschen? Was bringt die Erleuchtung? Was ist das Glück? Wofür gibt es die Liebe zwischen Männern und die Frauen? Diese Fragen habe ich mir gestellt und möchte meine persönlichen Erfahrungen und Antworten mit Ihnen teilen.

Abbildung 1: Alexander Palienko

Alexander Palienko ist ein renommierten Trainer, Dozent und Berater in Sachen Selbsterkenntnis und Heilung. Er ist der Schöpfer einer Reihe von einzigartigen Techniken auf dem Gebiet der Psychologie, die er entwickelte um die menschliche Seele zu heilen. Die Biografie Alexander Palienkos bleibt ein Rätsel. Er war bereits von Geburt an mit einigen erstaunlichen Kräften ausgestattet. Der junge Spezialist auf dem Gebiet der Psyche übte seine Fähigkeiten für mehrere Jahre aus, indem er Menschen behandelte. Seine Behandlungen schienen gut zu gelingen. Aber Alexander begann zu bemerken, dass Krankheiten zu den Menschen wieder zurückkehrten, sich dabei nur in einer anderen Weise manifestierten. Deshalb beschloss er, Gebete in die Heilung mit einzubeziehen um den Menschen damit nachhaltiger zu helfen.

Bei dieser Vorgehensweise wurde zwar die heilende Wirkung nicht so schnell erreicht, aber das positive Ergebnis blieb länger erhalten. Das Wichtigste was uns Alexander Palienko vermitteln möchte, ist zu lernen, mit sich selbst in Harmonie zu leben.
Ich habe Alexander Palienko während seiner Seminare kennen gelernt und war begeistert von seinen Aussagen und Methoden. Deshalb beschloss ich seine und aber auch meine Erfahrungen zusammenzuführen und in diesem Buch zu veröffentlichen. Alexander Palienko hat sehr viel mit Leuten gesprochen um herauszufinden, wie die Menschen alles das wahrnehmen, was um sie herum geschieht. Er gab ihnen hilfreiche Ratschläge und lehrte sie, sich selbst zu lieben. Ohne dieses Gefühl der Selbstliebe täuschen sich die Menschen und das Erreichen vieler ihren gewünschten Ergebnisse wird daher so nicht funktionieren. Die Vorträge von Alexander Palienko sind sehr beliebt, weil die Leute daraus erneuert und glücklich herausgehen und ihre Einstellung zum Leben ändern.
Inzwischen leitet er Seminare auf der ganzen Welt um allen zu helfen, die Realität zu erreichen von der sie immer geträumt haben. Seine wichtigste Botschaft ist: zu lernen, mit sich selbst in Harmonie zu leben.
Aleksander ist davon überzeugt: Der Mensch ist Meister seines Schicksals. Jede Aktion und jeder Schritt haben einen Einfluss auf die Wahrnehmung der Realität. Wenn die Menschen sich selbst kennen und einige Aspekte Ihres Lebens ändern – dann

wird das dazu beitragen noch viel mehr Probleme zu lösen, als es auf den ersten Blick erscheint.

Sieben Regeln, die das Leben verändern

Erste Regel: Die Ehrlichkeit sich selbst gegenüber

Das ist sowohl die erste, als auch die wichtigste Regel, von der die Erfüllung aller weiteren Punkte abhängt. Wenn wir uns selbst belügen, hört alles andere auf zu funktionieren. Sich ehrlich einzugestehen, was wir fühlen, denken oder wie wir in diesem Moment handeln, ist der Ausgangspunkt unserer Entwicklung. Wir dürfen dabei keine Angst vor negativen Selbsteinschätzungen haben, wir sollten diese vielmehr akzeptieren: "Ja, im Augenblick bin ich wütend, ich bin beleidigt, eifersüchtig." Indem wir derartige negative Empfindungen anerkennen, entfernen wir diese aus unserem Unterbewusstsein und sie hören auf unsere Zukunft zu formen. Dabei ist es notwendig hinzuzufügen: "Ich will dem betreffenden Sachverhalt gegenüber zwar ruhig und gelassen reagieren (jenseits von negativen Emotionen), aber es ist mir gerade noch nicht möglich". Diese Formulierung hilft dabei, die Energetik der Kränkung, Wut, Eifersucht, die wir gerade empfinden, in einen positiven Zustand umzuwandeln, den wir anstreben. Dieser Prozess wird Schritt für Schritt allmählich vonstattengehen.

Auf diese Art und Weise erforschen wir den Zustand, in dem wir uns befinden und befreien uns davon. Dies sollten wir aber auch dann berücksichtigen, wenn wir von unseren Erfolgen und Errungenschaften berichten. Wohlmöglich haben Sie schon festgestellt: es genügt bereits zu sagen "Ich bin reich und erfolgreich", damit sich Umstände verändern, die Sie bisher weniger erfolgreich machten.

Wenn Sie Ihrem Umfeld von etwas Positivem berichten, erwähnen Sie deshalb ebenso Ihre fantastischsten und unwahrscheinlichsten Träume. Beispielsweise: "Ich habe ein schönes und teures Haus. Zusätzlich hätte ich allerdings auch gern ein Landhaus in Strandlage am Meer ". Auf diese Weise lenken Sie die Aufmerksamkeit des Zuhörers auf neue Perspektiven und erlauben dem Gegenwärtigen sich zu verfestigen und fundamental werden zu können. Das, was Sie von sich gegeben haben, wird in der Zukunft passieren.

Zweite Regel: Die Fähigkeit positive Worte zu benutzen

Damit Ihr Leben besser, glückseliger und interessanter wird, ist es notwendig den Wortschatz komplett zu ändern. Bei allen Wörtern, die wir täglich benutzen, ist eine bestimmte Lebenserfahrung und Bedeutung hinterlegt. Wörter rufen assoziierte Gefühle hervor, die wir in ihrem Zusammenhang in

der Vergangenheit erlebt haben. Indem wir Wörter aussprechen, aktivieren wir neuronale Beziehungen im Gehirn, die sich bereits in Bildern, Gefühlen und Informationen verankert haben.
Wenn wir oft bestimmte Wörter benutzen, die negative Informationen beinhalten, dann übersetzt unser Unterbewusstsein, welches sich auf niedere Frequenzen eingestellt hat, diese negativen Erfahrungen in unsere Realität. Bestimmte negative Wörter verkörpern in unserem Leben Unglück bringende Geschehnisse.
Wir müssen negative neuronale Verbindungen durch positive ersetzen. Dies tun wir mit Hilfe von Wörtern, zum Beispiel statt "schlecht", sagen wir "nicht gut", statt "schrecklich" sagen wir "nicht befriedigend".
Diese bewusste Wortwahl aktiviert positive Strukturen, da die Vorsilbe "nicht" von unserem Gehirn nicht wahrgenommen wird und alles, was mit dem Wort "gut" in Verbindung steht, hochfrequente Vibrationen hervorruft, die das derzeitig erlebte Negative überlagern. Es genügt, diese Angewohnheit in seinen eigenen Wortschatz zu integrieren, um das Leben allmählich positiv zu verändern.

Dritte Regel: Die Suche nach dem Guten in allem

Unsere Gesellschaft hat uns so erzogen, dass wir es gewohnt sind, in allem nach Nachteilen zu suchen und über Mitmenschen zu urteilen. Überlegen Sie einmal worüber Sie sprechen wenn Sie sich in einer Gruppe versammelt haben. In der Regel geht es um das Ausdrücken der Unzufriedenheit allem gegenüber, zum Beispiel den Nachbarn, der Regierung oder dem Vorgesetzten. Unser Organismus und die Persönlichkeit stellen sich auf die Energetik ein, die wir ständig benutzen. Nimmt man einem Raucher die Zigaretten weg, wird sein Körper diese verlangen, obwohl das Rauchen schädlich ist. Wenn wir ständig auf dem Niveau des Verurteilens leben, leben wir auf niederfrequenten Vibrationen, die negative Ereignisse formen. Es ist notwendig zu lernen, in allen Lebenslagen und Situationen etwas Schönes zu sehen, das sonnige Wetter, den lieblichen Vogelgesang, etc. Indem man dies regelmäßig praktiziert, programmiert man das Unterbewusstsein auf Positives!
Das Gehirn beginnt dann, positive Impulse aus der Umwelt zu beziehen.
Die im Unterbewussten eingestellte Fähigkeit, in der Umwelt das Wunderbare zu suchen, wird Sie daraufhin im Leben leiten. In einem Kaufhaus angekommen, finden Sie die für Sie besten Schuhe und wenn Sie auf Arbeitssuche sind, finden Sie die ihnen am meisten zusagende und am besten bezahlte Stelle.

Wenn Sie gelernt haben im Leben Positives zu erkennen, werden Sie - was auch kommt - verstehen, dass mit etwas Negativem auch Positives in Ihr Leben kommt.

Vierte Regel: Schöpferisches Denken

Nehmen Sie es sich vor, statt "Wie elend, dass es heute regnet!" zu sagen "Ich möchte, dass die Sonne scheint!" Wenn wir etwas verneinen, zerstören wir die energetischen Bindungen, zu deren Wiederherstellung unsere eigene Energie verbraucht wird. Bildlich gesprochen: wir kommen in einen Raum, in dem Musik gespielt wird, die wir nicht mögen. Wir weigern uns diese zu hören, werfen alles auf den Boden und zerstören die Technik. Dann räumen wir den Raum auf, erwerben eine neue Anlage und spielen jetzt die Musik, die wir anfangs hören wollten. Stattdessen hätten wir gleich sagen können: "Ich möchte gern andere Musik hören" und einfach die Aufnahme wechseln. Wenn wir nach dem Prinzip "Ich möchte, dass etwas wie folgt ist ..." handeln und dabei wissen, welche Art von Gefühl wir bekommen wollen, strukturieren wir das Geschehen im Hier und Jetzt und nehmen den kürzesten Weg zum gewünschten Ziel.

Lernen Sie deswegen gleich das auszusprechen, was Sie wollen und lassen Sie dabei Dinge außer Acht, die Sie nicht zufriedenstellen. Dabei konzentrieren Sie sich auf den Zustand, den Sie letztendlich gerne erreichen möchten.

Fünfte Regel: Das Können, für Alles dankbar zu sein, sowohl für Gutes, als auch für Schlechtes

Indem wir dankbar für etwas Gutes sind, verstärken wir dieses und wenn wir für etwas, was in unseren Augen schlecht ist danken, wandeln wir es in Positives um. Alle nicht positiven Geschehnisse sind mit niedriger Frequenz verbunden, Dankbarkeit hat dagegen eine hohe energetische Frequenz. Wenn wir für etwas Schlechtes danken, gelangen wir trotzdem in keine Wechselwirkung mit dem Negativen und erlauben es ihm damit nicht, in unser Leben zu treten. Wenn wir lernen uns auch dankbar zu zeigen für alle Ereignisse, die uns nicht gefallen, dann realisieren wir mit der Zeit, dass über Schlechtes unweigerlich Gutes in unser Leben tritt. Sind wir nicht bereit Positives anzunehmen, wird uns die Möglichkeit geboten, uns durch Unannehmlichkeiten weiter zu entwickeln. Das ist keineswegs Masochismus, sondern vielmehr das Verständnis dafür, dass uns eine Chance gegeben wird das zu verinnerlichen, was uns vorher nicht möglich war zu verstehen. Gott hat keine Unterteilung in Gut und Böse, bei Gott ist alles sinnvoll, es ist nur wichtig, dass alles an seinem Platz ist und seine Funktion erfüllt. Seraphim Sarovskiy sagte einst, dass es für einen gewöhnlichen, unbewussten Menschen sehr nützlich sei, vor seinem Tode zwei bis drei Jahre zu erkranken, denn die Seele reinige sich dadurch, dass Anforderungen, Bindungen und Verurteilungen Mitmenschen gegenüber verschwinden, wodurch der Erkrankte zu einer höheren Vibrationsebene gelangt. Ebenso bekommen auch wir negative Gelegenheiten, die uns darauf hinweisen, wo wir unsere Haltungen überdenken sollten; nach deren Änderung wir dann erfolgreicher, wohlhabender und glücklicher werden können.

Sechste Regel: Das Denken und Sprechen über Menschen, als wären wir an ihrer Stelle

Wir sollten lernen, so über Menschen zu denken und zu sprechen, als würden sie dabei anwesend sein und uns zuhören. Wenn wir über Andere so sprechen, wie wir es gern möchten, dass über uns gesprochen wird, wird eine enorme Menge an Energie frei, die wir normalerweise verschwenden um den Unterschied zwischen unseren inneren Meinungen und dem äußeren Verhalten zu vertuschen.
In unserem Leben wird eine Leichtigkeit auftauchen dadurch, dass Inneres und Äußeres in Einklang tritt; ein Einklang zwischen dem: wie wir denken und fühlen und dem: was wir tun und sagen. Als Ergebnis erhalten wir die Möglichkeit, harmonisch mit uns selbst und dem Umfeld zu interagieren. Die frei gewordene Energie gibt uns darüber hinaus die Gelegenheit, tiefer in uns hinein zu sehen und zu verstehen, was es denn wirklich ist, was wir wollen und dies dann auch zu realisieren.

Siebente Regel: Die dreifaltige Empfindung

Während die vorhergehenden sechs Regeln die Basisregeln waren, mit deren Hilfe wir unser Unterbewusstsein "erzogen" haben, kann man die siebente Regel beinahe als magisch bezeichnen. Sie tritt erst in Kraft, wenn wir uns umstellen und eins werden mit uns und unserer Umwelt. Mit Hilfe dieser siebten Regel sind wir imstande, unsere Realität zu lenken und Ereignisse zu formen.
Dafür ist es notwendig, drei Möglichkeiten der Entwicklung des Gewünschten anzunehmen:
    1. Alles wird genauso passieren, wie wir es gern möchten
    2. Alles wird ganz anders verlaufen
    3. Alles wird sich als viel besser herausstellen

Wieso sollten wir das tun? Die Sache ist, wenn wir in Gedanken planen, bringen wir Energie für die Realisation des Gewünschten auf. Wenn wir nicht bereit und offen sind für mögliche Optionen, dann wird unsere Energie nicht imstande sein mit allen Komponenten des Prozesses zusammenzuwirken. Sie wird sich auf uns zurück richten, in Form von Depressionen, Aggressionen, Wut und Verletzung.
Wenn wir allerdings bereit sind sowohl die beste, als auch die schlimmste Variante anzunehmen, dann kann passieren was will.

Mit dem Wissen, dass alles was vorgeht, von Gott kommt und somit zu etwas Gutem führt, wird die Energie mit allem was mit uns geschieht in Wechselwirkung treten und das Beabsichtigte in vollem Ausmaß realisieren. Indem wir alle möglichen Varianten annehmen, nehmen wir die Welt so an, wie sie ist und so erreichen bzw. erhalten wir das Gesetz des Gleichgewichtes. Damit bekommen wir eine große Chance unseren Wunsch zu erfüllen.
Lernen Sie dreifaltig zu denken!
Es ist notwendig diese Regel einhundert Mal am Tag zu erfüllen und der Sache wie einem Spiel gegenüber zu stehen und Freude am Prozess zu haben.

Dabei sollte 70% der Zeit für alltägliche Dinge aufgewendet werden:
Beispielsweise stehen wir morgens auf und sagen "Ich möchte gerne Tee trinken" und beobachten den möglichen Ablauf des Gewünschten:

1. Man geht in die Küche und kocht sich einen Tee
2. Man bekommt nicht einmal die Chance Wasser zu trinken
3. Man wird einen sehr teuren und schmackhaften Tee zu sich nehmen.

Nach diesen Überlegungen gehen Sie los und kochen sich einen Tee. Indem Sie an solchen Kleinigkeiten üben, bringen Sie ihrem

Unterbewussten bei, zu jeder möglichen Wendung der Ereignisse bereit zu sein. Das bedeutet insgesamt, dass Sie die Wahrscheinlichkeit des Gewünschten erhöhen.

Weitere 20% der Zeit sollten sie täglich wichtigen Wünschen zuteilen, wie Liebe, Gesundheit, Auto, Wohnung, Arbeit, ... und all dem, dessen Realisation Sie sich konkret wünschen.

Lernen Sie sämtliche Wünsche unter dem Gesichtspunkt der Dreifaltigkeit zu betrachten!

Die restlichen 10% teilen Sie dem zu, was nicht sein kann, weil es einfach niemals passieren wird. Sie überlegen es sich und wünschen es sich einfach.

Beispielsweise bekommen Sie eine Wohnmöglichkeit in einem Luxus- Appartement im nobelsten Viertel der Stadt (gewichtet mit fünf Millionen Euro). Dazu noch als beste Möglichkeit: zusätzlich zu Ihrem Apartment werden Sie auch eine Wohnung in London und Paris haben.

Nehmen Sie auch gelassen die schlechtmöglichste Variante dazu, nämlich dass Sie überhaupt keine Wohnung haben werden.

Auf diese Art erhöhen Sie den Umfang bzw. die Bandbreite aller Ihrer Aussichten. Sie erhalten die Gelegenheit, den Durchbruch in ein neues Leben zu schaffen, welches bei weitem glückseliger und wohlhabender sein wird als Ihr bisheriges.

Aber das ist es nicht, was das Wichtigste für Sie ist! Das Wichtigste ist, dass Sie aus allem, was in Ihrem Leben passiert, Vergnügen schöpfen.

Wie erhöht man seine Vibrationen?

- Alles machen, was Spaß und Freude bringt!
- Sein Lebensaufgabe finden und diese erfüllen
- Aufenthalt an heiligen Plätzen
- Keinen Schaden in der Welt anrichten
- Viel Zeit allein in der Natur verbringen
- Liebe zu sich selbst und zu anderen Menschen empfinden
- Harmonie in der Familie
- Erfolg im Beruf
- Gute Beziehung zu den eigenen Eltern
- Zeit mit Freunden verbringen
- Ein Hobby leidenschaftlich ausüben
- Natürlich angebautes Obst und Gemüse essen
- Schulden loswerden
- Stress abbauen
- Sport /Tanzen /Meditation/Gesang /Yoga Bad / Sauna Energetische Reinigung und Harmonisierung der Chakren

Was senkt unsere Vibrationen?

- Angst
- Wut
- Aggression
- Stress
- Depression
- Die Fehler von anderen Menschen sowie die Unfähigkeit sich selbst verzeihen zu können!
- Unsicherheit in sich selbst
- Alkohol / Drogen / Tabak / Fleisch / Cola –Produkte konsumieren
- Das sich Anpassen an andere Menschen (und sich dabei selbst aus den Augen zu verlieren)
- Leere Gespräche zu führen
- über negative Dinge zu reden (zum Beispiel Krankheiten, Misserfolg, negative Medienberichte, Unfälle, …)
- Im Internet oder in sozialen Netzwerken Stunden lang zu „hängen "Ständige Erinnerung an die Vergangenheit (über positive oder negative Erlebnisse reden und nachdenken)
- Sex mit Partnern ohne Liebe
- Mehrere Sex-Partner parallel zu haben

- Und alles, was Sie ohne Spaß und Freudemachen.

Natürlich wird es mit Sicherheit Menschen geben, die mir widersprechen werden.
Sie werden zum Beispiel sagen, dass ihnen ein Leben keinen Spaß macht, wenn sie auf Alkohol und andere Genussmittel verzichten müssten. Für manche Leute ist so ein Leben unvorstellbar, aber ich werde versuchen, Sie zu überzeugen und zwar auch dann, wenn Sie anfangs noch sehr skeptisch darüber denken.
Wir fangen mit der Angst an.
Jeder Mensch hat Angst von irgendetwas und das ist auch normal. Ein gesundes Angstgefühl muss man haben, um überleben zu können. Aber wie unterscheide ich, wo die Grenze zwischen einem gesunden und einem übertriebenen Angstgefühl liegt? Habe ich nur eine gesunde Angst, die man für das Überleben braucht?
Wenn Sie auf dem Eiffelturm ganz oben stehen und Angst haben hinunter zu springen – dann das ist normal. Wenn Sie Angst haben, vom Eiffelturm herunter zu schauen, dann liegt Ihre Angst innerhalb der Norm. Wenn Sie sich nicht vorstellen können auf den Eiffelturm hochzufahren und Ihnen wird schon bei dem Gedanken schlecht, dass Sie das machen werden, dann hat das mit einer Phobie zutun.
Phobien kommen meistens aus unserer Kindheit oder wurden von den Eltern übertragen. Manchmal haben Phobien mit

unserem früheren Leben zu tun, zum Beispiel wenn jemand im früheren Leben durch einen Sturz ums Leben kam.
Natürlich hat Angst auch mit unserem Karma zu tun.
Was ist ein Karma? Das ist die Arbeit mit den „Schattenseiten" von dem eigenen Charakter, Einstellungen und Dogmen schwerer das Karma von einem Menschen ist, desto mehr Ängste wird eine solche Person haben.
Das Karma von Menschen kann positiv, neutral oder schwer sein.
Menschen mit einem Positiven Karma gehen leicht durch das Leben, sie erledigen Ihre Aufgaben mühelos, ohne übermäßige Anstrengung. Als Kinder sind sie meistens fleißig in der Schule, aktiv und lebensfreundlich. Sie machen alles mit Leichtigkeit, so wie man normalerweise ein Spiel spielt. Diese Menschen haben ein gesundes Angstgefühl und sie sind öfters mutiger, als es sein sollte; deswegen, weil sie das innere Gefühl haben, dass ihnen nichts Schlechtes passieren kann. So geschieht es meistens auch. Solche Menschen sind erfolgreich in allem was sie anfassen, seien es ihr Job, Partnerschaft oder ihre Gesundheit. Die meisten erfolgreichen Sportler, Schauspieler, Tänzer, Sänger, Künstler oder Filmproduzenten, haben ein positives Karma. Die sind in dieses Leben gekommen einfach um das Leben zu genießen und Freude für andere zu bringen und sie machen das mit Leichtigkeit.
Die Menschen, die ein Neutrales Karma haben, haben in ihrem Leben oft Zweifel bei allem was sie tun. Sie versuchen meistens

alles richtig zu machen, aber danach fangen sie wieder an zu überlegen, ob das auch tatsächlich richtig war.

Die meisten Probleme haben solche Menschen in ihrem Privatleben. Sie suchen oft einen Traumpartner selbst wenn sie sogar ein solchen schon haben, aber das erkennen sie entweder gar nicht oder zu spät... Oder sie zweifeln, ob sie selbst als Partner gut genug sein können. In Beruf und Gesundheit sind solche Menschen meistens erfolgreich, aber sie müssen etwas dafür tun und dabei viel Energie investieren. Die größte Angst liegt bei diesen Menschen in ihrer Beziehung. Das heißt, sie müssen lernen, mit ihrem Partner zu kommunizieren und einen „inneren Draht" zu finden.

Solche Menschen suchen sich meistens Berufe, wie zum Beispiel Ingenieur, Bauleiter, Offizier, Beamter, Wissenschaftler, Pharmazeut, Lehrer aus, wo sie sich selbst und auch den anderen beweisen wollen, dass sie etwas wert sind.

Die dritte Kategorie sind die Menschen mit Schwerem Karma. Das heißt, dass sie alte Seelen sind, welche meist das letzte oder vorletzte Leben auf die Erde verbringen. Sie haben große Erfahrung in ihren früheren Leben gesammelt und haben viel Wissen. Das bedeutet, sie sind vielseitig und aus diesen Menschen kann etwas Besonderes werden, aber sie müssen sehr viel dafür machen und es fällt ihnen nicht leicht, sich mit ihren eigenen negativen Seiten auseinanderzusetzen. Diese Menschen haben meistens sehr viele Ängste, sind sich nicht sicher, oft depressiv, haben wenig Vertrauen in andere

Menschen oder auch in sich selbst. Dazu kommen immer noch verschiedene Phobien, zum Beispiel vor Spinnen oder Höhenangst.

Sie sehen überall Probleme und machen gern aus kleinen Fliegen riesige Elefanten. Sie sind misstrauisch und suchen überall einen Schuldigen an dem eigenen Misserfolg. Sie passen sich anderen Leuten sehr gut an, sind sehr biegbar, sowie verletzlich, schnell beleidigt, launisch und unberechenbar. Nach außen hin können sie aber sehr lieb und freundlich wirken.

Solche Menschen wählen meistens Berufe, wie Arzt, Polizist, Krankenschwester, Erzieher, Psychologe aus; alle Berufe, die mit Menschenhilfe zu tun haben.

Sie wollen sich selbst helfen, aber wissen nicht wie. Deswegen entscheiden sie sich anderen zu helfen, solange bis sie dieses Bedürfnis irgendwann zumindest teilweise abgearbeitet haben, dann spezialisieren sie sich in eine andere Richtung.

Man braucht nicht zu denken, dass die Menschen mit schwerem Karma ein schlechtes Leben haben. Sie sind ältere Seelen, welche schon viele Reinkarnationen hinter sich haben, aus solchen Menschen kann etwas Besonderes werden, sie haben ein riesiges Potenzial dafür. Sie haben eine besondere Mission: unsere Welt schöner zu machen.

Wie verstärken Sie Ihre Energie?

Wenn Sie mit verschiedenen Menschen kommunizieren wollen, müssen Sie zunächst wissen, wie Sie am besten über das sprechen können, was diese anderen Menschen in ihrem Leben fühlen, wie sie ihre Welt wahrnehmen. Sie versetzen sich dabei in die Situation Ihres Gegenübers: dass Sie selbst dieser Mensch sind, mit seinem Charakter, Weltbild, seinen Werten, seiner Moral und seinem Lebensgefühl.
Dann werden Sie sicher die richtigen Worte finden.
Sagen Sie einfach immer das was Sie fühlen, ohne Angst zu haben das Gegenüber dabei zu verletzen.
Alle Beziehungsprobleme kommen davon, dass Menschen im richtigen Moment nicht das sagen, was sie gerade fühlen. Alle Menschen werden Sie somit auf jeweils unterschiedliche Art und Weise verstehen.
In diesem Zusammenhang müssen Sie eine gemeinsame Sprache suchen, die auch für die Person, mit der Sie kommunizieren möchten, verfügbar ist. Dem Einen genügt es, den Sachverhalt einmal zu erklären, er wird es verstehen und umsetzen. Ein Anderer begreift es erst nach mehrfachem Wiederholen. Während man den Dritten erst anschreien muss, bis er etwas begreift. Bei dem Vierten hilft alles nichts, da er schon an dem Punkt angekommen ist an dem er vor nichts

mehr zurückschreckt.

Das Wichtigste im Umgang mit verschiedenen Menschen und Umgebungen ist: wir müssen immer versuchen wir selbst zu bleiben!

Dabei versuchen Sie nicht auf Sachen einzugehen, die Sie nicht interessieren und diskutieren Sie ausschließlich über Themen wie Glück, Gesundheit, Vergnügen, Reichtum, Kreativität, Reisen, Weiterbildung, Erfolg und alles was in irgendeiner Form damit zu tun hat. Erst dabei können Sie sich entwickeln, denn es ist wichtig darauf einzugehen, was für uns persönlich sinnvoll und notwendig ist.

Sie haben die Freiheit der Wahl, die Sie in Bezug auf Ihre eigene Energie und Ihr vorgeschriebenes Lebensprogramm haben. Wir alle versuchen stets das zu wählen, wozu wir die meiste Energie besitzen.

Beispielsweise, wenn wir nicht genug Energie haben, werden wir bei unserer Wahl immer die schlechteste Option wählen, denn dabei wird weniger Energie eingesetzt werden müssen und so können wir überleben.

Angenommen wir wählten die beste Option, zum Beispiel, die besten Zahlen in der Lotterie, und wir würden dafür nicht genug Energie haben, dann würden wir untergehen oder gar sterben.

Oder Sie würden aus dem Nichts eine Führungsposition eines großen Unternehmens übernehmen, wozu Sie nicht die Macht oder besser gesagt, die erforderliche Energie hätten, auch in diesem Fall würden Sie untergehen!

Daher ergibt sich die Frage nach der Auswahl der relativen oder potentiellen Energie, die aufzubringen wir im Stande sind. Wie also, können wir es schaffen unser Energiepotenzial zu verstärken?
Die grundlegenden Komponenten unseres Lebens:

1. "Technik 80% / 10% / 10%":
d.h. 80% der verfügbaren Energie bleibt immer bei mir, egal, was ich mache, wo Energie ist, dort ist auch die Kraft! 10% der Energie ist von Glück und Vergnügen und 10% in meiner männlichen oder weiblichen Umgebung.
2. Seien Sie sich Ihrer selbst bewusst: "Ich bin ein Mann", "Ich bin eine Frau".
3. Machen Sie in Ihrem Leben alles in einem etwas geringeren Umfang als wünschenswert.
4. Fördern Sie die Fähigkeit, in Situationen schnell umzuschalten, sich in alternativen Situationen rasch neu orientieren zu können.
5. Das Bekennen Sie sich zu Ihren Schwächen und Gefühlen, um zu erkennen, in welche Richtung Sie sich bewegen können oder sollten.
6. Versuchen Sie, Ihren eigenen "Plan" umzusetzen, das heißt, "Ich dachte etwas und ich mache das sofort!"
7. Bleiben Sie immer im Gleichgewicht und gut gelaunt.
8. Nehmen und geben Sie ausschließlich nur die Energie der Liebe.

In diesem Fall wird es geschehen, dass Sie die Welt verändern werden, und zwar aus dem Grund, weil die Veränderungen in der Welt in uns selbst beginnen - erst dann, wenn wir anfangen uns zu verändern!

Wir verändern uns selbst, wenn wir uns nicht auf geistige Werte, Quantenübergänge und andere Dinge dieser Art fixieren, und stattdessen:

1. Uns selbst als Männer und Frauen sehen.
2. Leben um glücklich zu sein und Spaß am Leben zu haben.
3. Uns nicht auf Modelle irgendwelcher Spiritual-Lehren beschränken, solche sind prinzipiell mit Vorsicht zu genießen. Das heißt, sie können solche Modelle nutzen, dies aber nur für eine bestimmte Zeit, dann sollten Sie etwas Anderes machen und sich dabei selbst nicht aus den Augen verlieren.
4. Setzen Sie Ihre Eingangsenergie dort ein, von wo noch mehr Energie kommt.
5. Rationalisieren Sie Prozesse ohne Hektik, sowie mit der Fähigkeit Situationen angemessen beurteilen zu können.

Es ist eine Tatsache, dass unsere Stärke sich in der inneren Ruhe befindet!

Wenn Sie ruhig sind, haben Sie das ganze Potenzial aller Vibrationen bzw. Energien zur Verfügung!

Wenn sind Sie in Ihrer Kindheit:

- Eine gute Familie, liebevolle Eltern hatten,
- Sport betrieben haben,
- Sich gut entwickelt hätten,
- Sich durchzusetzen wussten,
- aktiv waren,
- Interesse für alles Neue und Unbekannte zeigten,

dann haben Sie genügend Potenzial gebildet, um reich zu werden.
Das eigene Potenzial wird dann sehr viel größer sein als bei einem Menschen, der lieber zuhause geblieben ist, nichts tat, und auch nicht daran interessiert war etwas zu tun, der lieber Computerspiele spielte oder Fernsehserien geschaut hatte.
Um reich zu sein müssen wir uns in erster Linie aufgeschlossen und vielseitig entwickelt haben. Als Erwachsener ist es die Fähigkeit „Ja" zu sagen, wenn Sie dazu bereit sind.
Kapazität ist nicht nur die Akzeptanz dessen, was ist und was noch kommen wird, sondern auch der Wunsch, alles Neue zu erforschen und dabei bei sich selbst zu bleiben.
Kapazität ist die Frage: wie viel Reichtum man haben darf, ohne sich dabei selbst zu beschädigen.
Wenn wir reich sein wollen, müssen wir versuchen immer mehr neue Dinge zu erlernen!

Zum Beispiel:
- Sahen Sie als Kind ein Fahrrad - haben Sie versucht Fahrrad fahren zu lernen?
- Sahen Sie einen Skifahrer – versuchten Sie das auch?;
- Sahen Sie einen Pool - wollten Sie schwimmen lernen?;
- Hörten Sie andere Menschen Englisch sprechen - war der Wunsch da, Englisch zu lernen?
- Sehen Sie neue Kleidung, Schuhe, etc. – wollen Sie diese ebenso anprobieren?
- Steht Ihr Traumauto vor Ihnen in einem Autosalon, versuchen Sie sich hinein zu setzen und das Gefühl zu haben, dass dieser Wagen Ihnen gehört?

Wenn Sie etwas nicht versuchen, werden Sie nie die Möglichkeit bekommen es zu realisieren. Dann wird es für immer nur ein Traum bleiben. D.h. die Dinge welche Sie sich wünschen, müssen Sie erst gefühlt haben, bevor es den Dingen ermöglicht wird, in Ihr Leben zu treten. Das ist das gleiche Prinzip bei Reisen, teurem Schmuck oder einem Haus. Es ist egal, dass Sie es sich momentan noch nicht leisten können, probieren Sie das Gefühl aus, die Sache selbst zu bekommen und sie wird in Ihr Leben einziehen.

Ohne die Regel: "Ich respektiere und liebe mich selbst!" ist niemand im Stande andere Menschen zu lieben. Denn das heißt, ich kann den anderen nur dann etwas geben, wenn ich es selbst besitze. Geben wiederum kann man nur aus einem Überfluss und nicht aus einem Mangel heraus. Das bedeutet, wenn ich mich selbst genug liebe und respektiere, dann kann ich den anderen etwas vom Überfluss meiner Liebe abgeben. Aber wenn Sie nicht genug Liebe für sich selbst haben, dann werden Sie immer nach der Bestätigung von anderen Menschen suchen. Dabei werden Menschen zu „Vampiren", denn sie versuchen Energie von ihnen aufzusaugen. Diese hingegen werden dies instinktiv spüren und es vorziehen einen großen Bogen um Sie herum zu machen.

„Energie-Vampire" - das sind Menschen mit niedrigen persönlichen, destruktiven internen Programmen, die ihnen nicht erlauben, ihre eigene Energie zu benutzen. Sie benötigen meist negative Energie zum Leben. Sie provozieren andere emotional negativ um die Freisetzung von deren Energie zu fördern und diese „ab zu saugen". Wenn eine Person an sich kein „Vampir" ist und ein authentisches Leben lebt, sie nicht von jemand emotional abhängt und in der eigenen Mitte bleibt, dann kann ihre Energie nicht „abgezogen" werden. Die „Vampire" brauchen nur jemanden zu starken negativen Emotionen zu bringen, zu Befürchtungen, Tränen, Wut, Aggression. Dann sagen sie: "Warum regst Du dich so auf?". Es gibt Vampire, die im Umfeld der Macht, der Provokation und Streit leben.

Es gibt zum Beispiel Frauen, die lieben es, andere Familien zu zerstören. Sobald sie einen Mann dazu gebracht haben, sich von seiner alten Familie zu trennen, wodurch sie eine Menge von schwerwiegenden Emotionen und evtl. Skandale verursachen, verlieren Sie das Interesse und suchen sich ein neues Opfer. Eine solche Frau (oder ein Mann) sucht Aufmerksamkeit und starke Emotionen bei dem anderen Geschlecht, um dann, wenn das Ziel erreicht ist wieder auseinander zu gehen. Wenn sich ein „Vampir" provozierend verhält, geschieht dies durch auffälliges Aussehen oder Verhalten. Ein Vampir hat Selbstmitleid und provoziert bei anderen Menschen ein Mitleidgefühl. Wenn diese mit ihm Mitleid haben, verlieren sie ihre eigene Energie. Ein anderer Weg, die Energie von einer fremden Person zu bekommen, sind Schuldgefühle oder ein „Retter-Syndrom" dieses Mitmenschen. Solche Leute sind immer bestrebt, jemand zu „retten". Mit einem Bündel von inneren Verletzungen gehen Sie durch das Leben und versuchen immer wieder zu helfen. Meistens auch dann, wenn die anderen sie nicht einmal darum gebeten haben.

Wo verlieren wir unsere Energie? Immer dann, wenn wir ein Leben im Stress führen, wenn wir Gewohnheiten verurteilen, bei leerem Gerede, übermäßiger Eile, Aufregung, bei einem Leben in der Vergangenheit oder dem Leben in der Zukunft, oder bei dem Versuch immer gut zu allen zu sein - das alles nimmt unsere Energie und zieht sie aus der Gegenwart ab.

Das Hauptverständnis eines Vampirs ist ein Gefühl der emotionalen Abhängigkeit von Menschen oder Situationen. Ein Vampir fühlt sich großartig nach einem Skandal. Der Weg von Vampiren ist der Entzug der inneren Freiheit. Ein „Vampir" zu sein, bedeutet, auf die Selbst-Entwicklung als Person zu verzichten. Wenn Sie sich in einem dieser Muster erkannt haben, ist das ein guter Anfang, um diese negativen Programme loszuwerden.

Die Wirksamkeit der Gedanken

Wenn Sie sich in einem Umfeld von Menschen befinden die stark sind, d.h. die zwar wenig Worte sprechen, dabei aber viele Taten vollbringen, werden auch Sie Ihr Leben mit Energie füllen können und Ihre Wirksamkeit bzw. Effektivität wird deutlich zunehmen.
Ihr Erfolg ist zu 70% abhängig von Ihrer Umgebung, das heißt von den Menschen mit denen Sie kommunizieren, sich häufig treffen und mit denen Sie zusammen leben.
Ihre Umgebung IST das Potenzial um Ihre Wünsche zu verwirklichen.
Wenn Sie aber in Ihrem Leben mit "Vampiren" zu tun haben - also mit Menschen, die von Ihrer Energie leben, die immer negativ sprechen, schnell beleidigt sind, versuchen alles zu beurteilen und alle anderen um sich verändern wollen (dabei aber nicht daran interessiert sind sich selbst zu ändern) und keine Verantwortung übernehmen wollen, etc., dann haben Sie diese Menschen eigenverantwortlich an sich herangelassen. Sie schufen in diesem Fall nicht die Bedingungen, dass solche Menschen sich entweder geändert haben oder aus Ihrem Leben verschwunden sind. Dann wird die Wirksamkeit Ihrer Gedanken extrem klein sein! Weil Ihre Energie, weil Ihre Grenzen und der Rahmen der Ihre Energetik bildet, diese Menschen in Ihr

Umfeld gelassen haben, die nicht neben Ihnen sein sollten.
Unsere Lektion ist das Überwinden. Ich behaupte, dass kreatives Denken und Entwicklung die Grundlage von allem ist! Die Basis für Ihren Erfolg ist die Fähigkeit, "NEIN" zu sagen, zu dem

- was Sie nicht mögen
- was nicht zu Ihnen passt
- was Sie sich unwohl fühlen lässt
- was Sie zerstört.

Und die Fähigkeit, "JA" zu sagen, zu dem
- was Ihnen gefällt
- was Sie wollen, auch wenn Sie davor Angst haben und denken, dass Sie es nicht schaffen können.

Je mehr Sie

- sich entwickeln, neue Wege gehen und dazu „JA" sagen und
- "NEIN" sagen zu dem, was Sie kaputt macht und nicht das gewünschte Ergebnis bringt, desto mehr werden Sie die Macht haben die Ereignisse so zu formen, wie Sie sie sich wünschen.

Wenn Sie, zum Beispiel ihre Schulden loswerden wollen, dann hören Sie auf:

- Andere zu verurteilen
- "Leere", sinnlose Gespräche mit anderen Menschen zu führen
- Andere Menschen beraten zu, wie sich diese verhalten sollten, wenn Sie nicht gefragt wurden.

Die Technik des Glücks

Stellen Sie sich beispielsweise nur für zehn bis fünfzehn Sekunden vor, dass Sie Ihren Kredit, den Sie für Ihren Hausbau aufgenommen haben, bereits bezahlten, dass Sie glücklich sind und Spaß haben. Dabei beobachten Sie schweigend – quasi „von außen" ihren Zustand und machen dann anschließend sportliche Übungen. Das können einige Kniebeugen, joggen, springen oder Sex mit Ihrem Partner oder das Putzen Ihres Treppenhauses sein. Wichtig ist, dass Sie dabei Ihren Wunsch "erden" sollten. Klammern Sie sich bei diesen „Gedanken-Spielen" nicht an Ergebnisse. Gestehen Sie sich zu, dass Sie in dieser Situation „gelandet" sind und bedanken Sie sich dafür bei dem Universum!

Die Dankbarkeit bringt Glück in Ihr Leben. Wenn es den Menschen bewusst wäre, wie Dankbarkeit ihr Leben in positive Richtung verändern kann, dann würden sie viel häufiger dankbar sein. Und zwar für alles:
für die Sonne, welche am frühen Morgen scheint, für den blauen Himmel, dafür dass Sie leben und gesund sind, für ihre Kinder, Partner, Freunde. Wenn Sie etwas Bestimmtes in Ihrem Leben nicht haben, aber es gerne hätten, dann bedanken Sie sich zum Beispiel für Ihre Kinder, die gut in der Schule sind. Wenn Sie keine Kinder haben, aber sich welche wünschen, dann bedanken Sie sich beispielsweise für Ihre eigene Gesundheit und sie werden gute Kinder (so wie Sie sie sich vorstellen) bekommen. Das Universum wird Ihre Wünsche schnell erfüllen, wenn es nicht im Widerspruch zu Ihrem generellen Lebensprogramm steht.
Unser Erscheinungsbild ist ein Spiegelbild unserer eigenen Welt, der Rahmenbedingungen und unserer Einstellungen zum Leben. Wenn wir unsere Weltanschauung und die Einstellung zum Leben ändern, ändert sich unser Aussehen. Wenn wir anfangen uns von Grund auf zu ändern; uns dazu entscheiden, das Alte und die Vergangenheit hinter uns zu lassen; dabei Neues und Gegenwärtiges erwerben in Wechselwirkung mit der Zukunft (aber im Hier und Jetzt!), so werden wir uns immer an die stattfindenden Prozesse anpassen können. Dann werden wir ein anderer Mensch werden. Ebenso werden sich auch unser Weltbild und unsere Lebenseinstellung verändern. Dabei

werden wir uns so fühlen, als wären wir die eigene Person in der Vergangenheit überhaupt nicht gewesen. Sie selbst sind die ganze Zeit: NEU – und zwar deshalb, weil Sie ständig unsere Welt mit anderen Gesetzmäßigkeiten wahrnehmen.
Aber wenn Sie diese grundlegende Gesetzmäßigkeiten nicht geändert haben, werden Sie Probleme bekommen. Probleme mit den Finanzen, mit dem persönlichen Leben und der Gesundheit. Weil das, was gestern noch funktionierte, zum gegenwärtigen Zeitpunkt nicht mehr funktioniert.

Eine Situation in der Sie vor fünf Jahren noch in einer guten Stimmung gewesen waren, überfordert Sie heute. Sie haben nicht mehr denselben Humor und den Spaß am Leben, den Sie damals verspürt hatten.
Der Grund dafür ist, dass Sie sich nicht im Einklang mit der Zeit verändert haben - an irgendeinem Punkt ist etwas auf der Strecke geblieben. So wie die Welt sich stetig wandelt, muss auch man selbst sich ständig ändern.
Eine weitere Energiequelle, die Ihnen eine riesige Menge an Veränderungen bringen kann, ist die Energie der Depression. Denken Sie immer daran, dass Depressionen eine Folge der Tatsache sind, dass Sie noch nach alten Gesetzmäßigkeiten leben oder funktionieren, obwohl derzeitig aber bereits neue Gesetzmäßigkeiten gelten.

Die Technik 80-10-10

Diese Technik kann sowohl im täglichen Leben als auch bei Heilungsprozessen eingesetzt werden und funktioniert wie folgt:

1. Aussage: „Ich bin ein Mann/eine Frau".
2. Aussage: „80% meiner Aufmerksamkeit sind auf mich selbst gerichtet".
3. Aussage: „10% meiner Aufmerksamkeit richte ich auf meine männliche/weibliche Umgebung".
4. Aussage: „Weitere 10% meiner Aufmerksamkeit bezieht sich auf meine männlichen/weiblichen Absichten".

Alle Aussagen zusammengenommen ergeben die 100%. „Ich bin ein Mann/eine Frau."

Diese Technik an sich dauert nicht länger als 5 Sekunden, das heißt Sie haben die Aussagen ausgesprochen und „vergessen" sie sofort wieder, indem Sie auf Ihre normale Alltagsbeschäftigung umschalten. Die Technik führt man nach Gefühl aus, und kann sie bis zu 10 Mal am Tag einsetzen. Wünschenswert ist es, dies regelmäßig zu tun.

Wenn Sie diese Technik ausführen, so setzen Sie einen Prozess in Gang. Eine bestimmte Zeit später werden Sie erkennen, dass Sie sich immer und überall im Hier und Jetzt, bzw. in Ihrem

Körper befinden. Sie beginnen den Raum zu beherrschen, Sie reden, handeln und fühlen genauso, wie sie es brauchen, wie es für Sie wichtig ist und wie Sie es möchten. Sie beginnen „Nein" und „Ja" zu sagen, wenn es notwendig ist und sind in der Lage, schnell, ohne Hektik umzuschalten. Wieso passiert das so?

Das Prinzip ist einfach: Dort wo Ihre Aufmerksamkeit ist, liegt auch die Kraft. Indem Sie die Aussage: „80% meiner Aufmerksamkeit sind auf mich selbst gerichtet". aussprechen, aktiviert sich unterbewusst die richtige Energieverteilung auf der astralen Ebene. Diese 80% Aufmerksamkeit beziehen sich auf ihren tatsächlichen, aktuellen Aufenthaltsort im Hier und Jetzt. Sie sprechen sich als Mann oder Frau an und das wiederum gibt Ihnen die Möglichkeit eine direkte Verbindung mit aller Energie einzugehen, die Sie bekommen können. In diesem Moment sind Sie mit dem Universum am engsten verbunden. Wenn Sie den Fokus ihrer Aufmerksamkeit schnell verändern, bzw. umschalten können, geht der Energiefluss direkt in Ihr Unterbewusstsein über. Wenn Sie diese Aufmerksamkeitsübungen regelmäßig ausführen, werden sie zu einem Teil von Ihnen werden. Ihre Kraft und Ihre Energie im Hier und Jetzt werden wachsen. Unsere Lebensgrundlage besteht darin, ehrlich zu sich selbst zu sein, positiv zu sprechen und in der Fähigkeit Gutes wahrzunehmen, schöpferisch zu denken und zu handeln. Das bedeutet, Sie stellen sich vor, dass es bereits so ist, wie Sie es gerne hätten und beobachten dabei Ihre Empfindungen, die Sie in diesem Moment haben. Indem

Sie sagen: „10% meiner Aufmerksamkeit richte ich auf meine männliche/weibliche Umgebung", interagieren Sie über die Resonanz mit Ihrer Umgebung. Dies harmonisiert sämtliche Prozesse um Sie herum.

10% der Absicht ist das, was Sie persönlich von der Handlung, die Sie gerade ausführen, bekommen möchten. Jene Art der Energie manifestiert sich im Schlaf und äußert sich in Gesetzen und Fähigkeiten, die Sie anschließend benutzen. Sie schafft die Umstände, sodass Sie die Umgebung positiv verändern können. Sie selbst schwingen mit diesen 10% der Energie mit. Damit schaffen Sie die Voraussetzungen, um sich weiter zu entwickeln.

Die Technik der Arbeit mit Depression

Es ist sehr einfach und überschaubar: die Basis dafür liegt in der Zurückweisung der Vergangenheit.
1. Stellen Sie sich vor, dass hinter Ihnen eine Leere herrscht - sonst nichts!
2. Senden Sie alles Negative in die Erde (in der Tat ist das Negative eher etwas Positives, dass Sie nicht rechtzeitig geschafft haben zu realisieren) - jetzt wird das Negative „Dünger" für die Erde werden.
3. Seien Sie dankbar für etwas Neues, das zu Ihnen kommt! Auch wenn Sie das Neue gerade nicht sehen oder fühlen können, da Sie sich im Moment im Pessimismus befinden und das Gefühl haben, nichts vom Leben zu wollen oder dass alles umsonst sei.
Dies ist ein schöner Zustand! An dieser Stelle sind Sie Gott am nächsten - Sie selbst sind jetzt „natürlich" und ungezwungen. Wenn in Ihnen Gesetzmäßigkeiten arbeiten, werden Sie entweder wichtig oder stolz, selbstbewusst oder aggressiv sein. Es stellt sich heraus, dass Sie dadurch gebunden sind und in deren Rahmen leben.

Entscheidungen über Liebe oder Angst

12% vom Ganzen ist eine Prozentzahl, die von Alexander Palienko „ermittelt" wurde. Er fand heraus, dass wir, wenn wir etwas in unserem Leben verändern möchten, niemals alles auf einmal verändern können! Alle Veränderungen sind nur im Rahmen von bis zu 12% unserer „Gesamtheit" überhaupt möglich (deshalb spreche ich im Folgenden von dieser Prozentzahl). Für jeden einzelnen Menschen bedeutet dieser Prozentsatz aber etwas Anderes – die zwölf Prozent sind eben jeweils unverwechselbarer Teil der individuellen Persönlichkeit! Wenn Sie sich im Rahmen dieser „12%" entwickeln möchten, kann es Ihnen dabei aber scheinen, als würden Sie sich gar nicht weiterentwickeln oder etwas Neues bekommen. In dem Moment, in dem Sie die Entscheidung getroffen haben sich zu verändern, schlafen Sie vielleicht ruhiger, hat sich Ihre Einstellung zu Dingen vereinfacht und Sie haben die Beziehungen zu manchen Leuten verbessert, aber im Großen und Ganzen hat sich noch nichts Grundlegendes geändert. Sie sind kein Millionär geworden und sehen keine 20 Jahre jünger aus. Aber trotzdem schufen Sie eine Grundlage für die Veränderung! Während Sie früher in Depressionen aufwachten, beginnen Sie nun plötzlich mit einer guten Stimmung aufzustehen - und genau dieser Vorgang stellt eine abgearbeitete energetische Schicht dar.

Beliebige Entscheidung in unserem Leben treffen wir entweder aus Liebe oder aus Angst!

Wenn wir Entscheidungen aus Liebe treffen, gehen wir bewusst in Richtung Ungewissheit und versuchen etwas Neues. Ungewissheit ist aber immer auch Risiko. Wenn Sie allerdings nichts riskieren, also nichts Neues ausprobieren wollen, beispielsweise Achterbahn fahren, neue Technologien anwenden, vor Publikum sprechen, Autofahren, Schwimmen etc., dann werden Sie keine Neuheit erfahren. Sie werden sich nicht weiterentwickeln und es gilt: Stillstand ist Rückschritt! Um sich vorwärts zu bewegen, müssen Sie immer in Richtung von etwas Neuem gehen. Mit der Zeit werden Sie intuitiv verstehen, dass dies notwendig ist und dass, wenn Sie es nicht tun, auch nichts Neues in ihrem Leben passieren wird.

Sich weiter zu entwickeln und sich "in das Neue" zu bewegen ist für Sie notwendig, damit an Ihrer Seite ein Mensch ist (oder auftaucht), der Sie glücklich macht und Sie mit diesem Menschen glücklich sein können. Sie müssen dabei immer Ihr eigenes Interesse unterstützen. Eigenes Interesse ist in diesem Fall, sich selbst etwas zu beweisen, diszipliniert zu sein, sich ständig zu entwickeln und 12% „Neuheit" zu adaptieren.

Die 12% Neuheit bedeutet, dass Sie in der Lage sind, genauso viel zu verändern wie Ihnen guttut. Denn es wird Sie umbringen, wenn Sie sich im Leben zu schnell nach vorn bewegen. Es wird Sie ebenso umbringen, wenn Sie auf der Stelle treten und immer nur nach Stabilität und Sicherheit

streben. Wenn Sie aber etwas in einem Maß verändern das diese Grenze respektiert, entwickeln Sie sich – d.h. wenn Sie Entscheidungen aus Liebe treffen, entwickeln Sie sich!
Der Prozess ist in diesem Fall so aufgebaut: Neues kommt zu Ihnen; Sie fügen es zu dem, was Sie bereits besitzen hinzu. Dabei müssen Sie aber unbedingt auf 12% Ihrer Einstellungen verzichten, um Platz für die neuen 12% zu schaffen. Wenn 12% vom Alten nicht weggefallen sind, dann kann das Neue nicht verinnerlicht werden und es wird wieder gehen, bzw. verschwinden - das Alte bleibt dann!
Wenn wir Entscheidungen aus Angst treffen, dann liegt der Grund in unserer Starrheit in die wir verfallen sind. Wir lassen uns dann selbst keine anderen Möglichkeiten zur Auswahl.
Von Anfang an ist unser Leben starr, aber unsere Haltung dazu sollte es nicht sein. Woher kommt diese Starrheit? Sie kommt aus Eile. Diese wiederum kommt vom Festgefahrensein in das, was Sie unbedingt bekommen wollen. Aber nur in einem Zustand, der mögliche andere Optionen offenlässt, können Sie sich entwickeln.
Wenn wir "festgefahren" sind, zerstören wir unsere Zukunft. Dann geht die Energie, die für uns bestimmt ist in höhere Astralebenen und damit wird klar, dass mit uns nichts passiert. Wir sind neuen Anforderungen nicht gewachsen, kommen zu nichts und fangen an uns rückwärts zu entwickeln. Denn wir glauben nicht daran, dass wir glücklich oder in irgendeiner Form reich sein werden.

Welche Frauen werden geliebt?

Schüchterne, bescheidene, unentschlossene und ängstliche Frauen sind für Männer NICHT interessant. Solche Frauen sind der Grund für die Zerstörung des Lebens eines Mannes, seiner Gesundheit und seines Wohlstandes.

Es ist ebenso falsch zu behaupten, eine Frau sollte sanft, weich, gelehrig und schüchtern sein. Dies sage ich Ihnen aus Erfahrung: einem Mann mit solch einer Frau wird nichts Gutes widerfahren. Er wird sich möglicherweise selbstbewusst und stark an ihrer Seite fühlen, jedoch wird er nie reich, glücklich, gesund und lebenslustig werden können.

Bei meinen Recherchen über Geschäftsleute stellte ich fest, dass einige Menschen im Stande sind, sich mit Leichtigkeit zu entscheiden und zu handeln, während andere zweifeln, unsicher sind und keine Entscheidung treffen können ohne sich dabei anderen Menschen anzupassen. So hat die Mehrheit der Vertreter der zweiten Gruppe eine unsichere, schüchterne, bescheidene, sensible und ängstliche Frau an ihrer Seite, die nicht in der Lage ist, den Mann mit Positiver Energie erfüllen zu können!

Jede Frau sollte wissen und verinnerlichen, dass der ganze Zauber dieser Welt auf ihrer Energie aufgebaut ist, nämlich:
- Selbstvertrauen
- Vertrauen in das Leben
- Mut
- Bereitschaft sich zu verändern und zu handeln

In Abhängigkeit des Potenzials oben genannter Faktoren, die eine Frau in sich vereint, werden Männer diese auch in ihrem Leben verwirklichen können.

Welche Frauen bekommen Geschenke von Männern?

Wenn die Frau grundsätzlich bereit ist Geschenke zu akzeptieren und diese gerne annimmt, dabei voller Sexualität, Charme und Weiblichkeit ist und sich trotzdem nicht auf einen Mann fixiert, dann wollen Männer solchen Frauen Geschenke machen.

Ein Mann kann seine Karriere aufbauen, wenn die Frau bereit ist, diese Energie zu akzeptieren und keine Angst hat den Mann zu verlieren. Wenn die Frau aber Angst verspürt den Mann zu verlieren, dann entzieht sie ihm die Lebensenergie und blockiert so seine Weiterentwicklung. Der Mann spürt das unbewusst und versucht zu flüchten. Die Frau will Ihre Sicherheit in der Beziehung zu diesem Mann erhalten und sich beschützt fühlen. Doch mit ihrem Verhalten gibt sie dem Mann nicht die Möglichkeit sich weiterzuentwickeln.

Männer lieben selbstbewusste Frauen, die auch ohne sie glücklich sein können. Aber Frauen verlieren Ihre Weiblichkeit, wenn sie sich an einen Mann wie eine Klette hängen. Wenn mit einer Frau so etwas geschieht, muss sie das erkennen und versuchen von diesem Muster weg zu kommen.

Frauen leben grundsätzlich um glücklich zu sein und Männer leben grundsätzlich um sich zu verwirklichen.

Perfekte Partner

Der Mann den Sie lieben ist immer derjenige, für den Sie bereit sind, Schwierigkeiten zu überwinden, sich zu verändern, aber dabei den inneren Kern Ihrer Persönlichkeit zu behalten. Der Mann, mit dem Sie zusammen sind, soll Ihnen immer das reflektieren, an dem Sie während Ihrer Entwicklung noch zu arbeiten haben. Sie können einer anderen Person nur dann Liebe geben, wenn Sie sie selbst besitzen. Das heißt, Sie geben die Liebe aus einem Überfluss und nicht aus einem Mangel heraus. Wenn Sie die Liebe zu einer anderen Person aus dem Mangel geben, dann werden Sie nicht glücklich dabei sein. Und zwar deswegen, weil Sie anfangen zu kontrollieren, zu beschuldigen und oft selbst beleidigt sind. Dabei werden Sie nämlich zu einem „Energie-Vampir" und Ihr Partner versucht, sich von Ihnen zu befreien. Sie haben kein Vertrauen zu ihm und zum Universum und keinen Glauben daran, dass alles so werden kann, wie Sie es sich wünschen. Wenn ein eifersüchtiger Mann in ihrem Leben auftaucht, zeigt es ihnen, dass Sie ihre sexuelle Energie in Kreativität umsetzen müssen, sonst gibt es Probleme auf allen Ebenen. Wenn der Mann eifersüchtig wird, bedeutet das, dass er weniger energetisches Potenzial hat als Sie und dass er versucht, Ihr zusätzliches Potenzial zu übernehmen. Um dafür zu sorgen, dass eine solche

Beziehung harmonisch wird, sollten Sie ihn dazu bringen sich schneller zu entwickeln. Wenn ein Mann Sie immer kritisiert und beleidigt, ist es an der Zeit, auf sich selbst zu hören und aus der Opferrolle auszusteigen in der Sie unglücklich sind und sich einsam fühlen. Dementsprechend zeigt ein Mann einer Frau, dass sie sich selbst respektieren muss und sich verteidigen soll. Wenn Sie einem Mann begegnen, der eine Sucht hat, zum Beispiel Alkohol oder Drogen, dann geht es darum, Ihre Weiblichkeit einzusetzen, sich selbst zu lieben, Respekt zu haben und die Verantwortung für das eigene Leben zu übernehmen.

Wenn ein schwacher, feiger Mann in Ihr Leben tritt, dann sind Sie eine starke Frau, die alles unter Kontrolle halten will. Mit anderen Worten sind Sie „ein Mann im Rock". Dann sollten Sie weiblich, „weich" und „kuschelig" werden. Wenn in Ihr Leben ein Mann kommt, der nur leere Versprechungen macht, sich immer irgendwo herumtreibt und Sie ständig darauf warten müssen, bis er wiederauftaucht, dann haben Sie ein Problem. In diesem Fall müssen Sie sich immer anpassen und haben kein Selbstwertgefühl. Wenn Ihr Mann sehr sparsam ist, bedeutet das, dass Sie auch selbst geizig sind. Aber nicht unbedingt auf der Ebene des Geldes (dort sind Sie meistens großzügig), sondern auf der Ebene der Liebe, der Emotionen oder der Gefühle. Ihr Partner zeigt Ihnen wo Sie noch an sich arbeiten müssen. Wenn Sie sich verändern, wird sich auch ihr Partner verändern.

Wie erkennen Sie, dass es die Liebe ist?

Der häufigste Grund bei Trennungen von Männern und Frauen liegt beim Thema: Sex. Man kann in Beziehungen glücklich sein, wenn beide richtig guten Sex miteinander haben. Natürlich müssen Sie sich auch wirklich lieben, weil Sex ohne Liebe auf Dauer nicht glücklich macht. Wenn Sie keine Liebe haben, dann bleibt Ihre Seele leer und Sie besitzen keine innere Zufriedenheit. Liebe bringt uns Nähe zu Gott, darum heißt es: „Gott ist die Liebe".
Wie erkennen Sie nun aber, dass es Liebe ist?
- Ganz einfach, wenn Sie nach dem Sex Ihren Partner nicht weg lassen wollen und ihn anschließend noch mehr lieben als zuvor. Bei echter Liebe bauen sich energetische Felder zwischen den beiden Partnern auf, welche man nach dem Sex genießen will. Das ist eine Energie voller Glück und Geborgenheit die beide Partner spüren. Wenn Sie nach dem Sex das Bedürfnis haben sich sofort zurückzuziehen, dann ist das ein Zeichen, dass keine Liebe dahintersteckt.
- Auch wenn Sie Ihren Partner nicht riechen können, dann ist das nicht Ihr Partner und hier wird es auch nichts helfen, wenn er ein Parfüm benutzt.
- Ebenso ist es, wenn Sie zum Beispiel in die Augen ihres Partners schauen und denken: „Du gefällst mir sehr,

aber deine Augenfarbe könnte anders sein, oder deine Haare, oder die Nase, oder, oder…" Dann ist das nicht Ihr Partner. Ihr Partner sieht genauso aus, wie Sie es sich gewünscht haben.

- Wenn Sie Kinder haben wollen und es klappt seit mehr als 3 Jahren nicht von alleine, dann ist das auch nicht Ihr Partner. Künstliche Befruchtung ist ein göttliches Zeichen, dass es sich hier ebenfalls nicht um Ihren Partner handelt.

Das Universum ist gerecht und weiß genau, was es tut. Man kann sein Verhalten und seine Ansichten ändern, aber nicht seine Empfindungen und Wahrnehmungen. Wenn Sie sich nicht entwickeln, dann wird jeder neue Partner, der Ihnen begegnet noch schlechter sein als der Vorgänger. Das heißt mit jedem neuen Partner werden die Schwierigkeiten größer.

Ihr idealer Partner ist derjenige, der die gleichen Denkmuster wie Sie hat. Aber dabei ist es möglich, dass die gleichen Denkmuster verschiedene Ausprägungen haben können. Zum Beispiel beide Partner lieben die Bewegung, doch der eine fährt gerne Ski und der andere geht gerne zum Tanzen. Wenn Sie Ihren Partner lieben, brauchen Sie keine anderen Menschen um sich herum. Ich meine damit nicht, dass Sie sich von der Außenwelt abkapseln müssen, doch alles muss im ausgewogenen Verhältnis sein. Es gibt Menschen, die immer lieber zu Freunden gehen, als die Zeit zu zweit mit ihrem Partner zu verbringen. Wenn das so ist, dann haben Sie noch nicht Ihren richtigen Partner gefunden. Im Idealfall macht es ihnen Freude, alles zusammen mit Ihrem Partner zu erledigen, egal ob einkaufen, Ordnung machen, oder Spazieren gehen. In diesem Fall unterstützen sie sich gegenseitig, ohne dass ein Partner um die Hilfe des anderen bitten müsste. Sie müssen die gleiche Weltanschauung haben und sich ohne Worte verstehen, und zwar bei 90 Prozent aller Handlungen. Sie müssen in extremen Situationen gleich reagieren ohne sich abzusprechen. Ein Beispiel: ein fremdes Kind bricht im Winter durch das Eis eines Teiches und sie beobachten das beide. Wenn sie das gleiche Muster haben, dann werden Sie nicht diskutieren, was zu machen ist und werden spontan Gleiches tun. Was sie beide in dieser Situation genau machen werden hängt von ihrem jeweiligen Muster ab. Einerseits könnten sie um Hilfe rufen und andererseits könnten sie versuchen das Kind zu retten, aber in jedem Fall werden sie ohne Absprache gleich reagieren. Wenn das so ist, dann haben Sie Ihren passenden Partner gefunden. Wenn nicht, dann suchen Sie weiter.

Über die Liebe sprechen die romantischen Partner mit großem Herz immer dann, wenn sie früher nicht genug Liebe bekommen haben. Über Vertrauen sprechen meistens die Menschen, die eifersüchtig sind und unbewusst vorhaben, ihren Partner später zu betrügen. Diejenigen, die Ihnen ewige Treue schwören, sind die Menschen, die sie unbedingt verraten werden. Das gilt nicht nur in Bezug auf die Liebe, sondern zum Beispiel auch für Geschäftspartnerschaften. Wenn sich bei

Ihnen ein anderer Geld leihen möchte und er schwört bei seiner Mutter oder bei Gott, dass er es Ihnen 100%ig zurück geben wird, dann können Sie ihm das Geld natürlich leihen, aber dann mit dem Gefühl: „für immer" und ohne sich darum weitere Gedanken zu machen. Das heißt, Sie haben das Geld praktisch verschenkt. Wenn Ihnen das nichts ausmacht, dann machen Sie das gerne. Aber verschenken sollte man nur, wenn man in die Entwicklung anderer Menschen investieren möchte, jedoch nicht aus Mitleid. Wenn Sie aus anderen Gründen schenken, wird es Sie arm machen. Wenn Sie Geld an die Menschen verschenken, die reicher als Sie selbst sind, dann werden Sie selbst reicher werden.

Was sagen die Menschen, die alles aufrichtig und ehrlich meinen? Sie sagen: „Ich liebe dich heute und jetzt und ich weiß zwar nicht wie es morgen sein wird, hoffe aber, dass es weiter so bleibt..."oder „ich möchte mir von dir Geld ausleihen und werde alles dafür tun, dass ich es dir bald wiedergeben kann..."

Wenn man sich liebt

Im Zusammenleben ist es wichtig, dass ein Mann eine Frau wirklich liebt und im täglichen Leben einer glücklichen Beziehung immer die Initiative ergreift. Zum Beispiel ruft er sie im Laufe des Tages an oder schreibt eine Nachricht, fragt, wie der Tag war, gibt ihr einen Kuss, wenn er zur Arbeit geht oder zurückkommt und bevor sie einschlafen. Wenn Sie jedoch versuchen Ihren Mann zu kontrollieren, wenn Sie wissen wollen wo er bleibt und warum er zu spät nach Hause kommt, wenn Sie nach seinem Handy schauen, ob er nicht etwas zu verbergen hat dann haben Sie kein Vertrauen. Wahre Liebe braucht Freiheit, das heißt, wenn Sie etwas von ihrer Liebe im Überfluss an Ihren Mann abgeben, dann wünschen Sie Ihm, dass er glücklich wird, auch wenn es nicht mit Ihnen zusammengeschehen sollte. Das ist die Kunst von Erleuchtung! Eifersüchtige Menschen, die alles unter Kontrolle haben wollen haben keine innere Stärke. Eine Frau muss auch bereit dazu sein den Partner zu verlieren und glücklich zu sein mit ihm oder ohne ihn. Wenn Sie einen Mann haben, bei dem Sie ständig die Initiative ergreifen müssen, dann bedeutet das, dass dieser Mann nicht für Sie bestimmt ist. Dann suchen Sie einen anderen Mann und verlieren Sie keine Zeit, weil Sie den Mann, der tatsächlich für Sie bestimmt ist, nie verlieren.

Wenn ein Mann eine Frau wirklich liebt, wird er sagen: „Ich liebe dich, ich kaufe, wir fahren …" Die Frau wird, wenn auch sie ihn wirklich liebt, antworten: „Ich kann, ich will, ich werde …"

Sex und seine Folgen

Die Basis für Beziehungen zwischen Mann und Frau ist es, wenn Sie von Ihrem Partner Respekt haben, Liebe empfinden und Sex mit ihm haben möchten. Die Reihenfolge kann nur so sein, wenn sie glücklich miteinander leben wollen. Sie müssen ein bisschen weniger Sex haben als Sie es sich eigentlich wünschen. Das gibt ihnen Energie um auf eine höhere Energiestufe zu gelangen. Es ist immer besser ein bisschen hungrig zu sein, als zu viel auf einmal zu essen.

Wenn ein Mann mehrere Partnerinnen parallel haben will, dann fehlt Ihm das eigene Selbstbewusstsein und er versucht Qualität mit Quantität zu ersetzen.

Wenn eine Frau viele Partner parallel haben will, bedeutet das, dass Sie sich nicht genug selbst lieben. Sie hat vom Universum so viel Energie bekommen, damit sie auf eine höhere Energieebene kommen kann. Aber sie war noch nicht soweit, sich weiter zu entwickeln. Sie lebt nur im „Kopf" und nicht in ihrem „Herz" und versucht die überzählige Energie los zu werden, sonst würde diese Energie sie zerstören und zu Krankheiten und Problemen führen.

Wenn wir ein höheres energetisches Niveau erreichen, dann haben wir weniger sexuelle Bedürfnisse als früher und der Sex bekommt eine andere Qualität.

Wenn eine Frau nicht mit dem Sex zufrieden ist, dann kann der Mann sich nicht weiterentwickeln. Frauen, die sehr „kopfbetont" sind, stellen sich in Ihren Phantasien oft aggressiven Sex oder Sex mit mehreren Partnern vor. Deshalb sollten sie aber keine Schuldgefühle haben, denn diese Phantasien kompensieren ihre inneren Komplexe und ihre Unsicherheit. Diese Phantasien sind weder gut noch schlecht, das ist einfach so. Leidenschaftlichen und zärtlichen Sex haben wir, wenn wir mit unserem Herzen dabei sind.

Wenn Sie Wert darauflegen, Sex immer an unterschiedlichen Plätzen zu machen, dann fehlt Ihnen die eigene Entwicklungsmöglichkeit und Sie kompensieren das über die Ortswechsel. Wenn sie Sex mit Zuschauern scharfmacht, bedeutet das, dass Ihnen viel Energie fehlt und dass Sie darum zum „Energie-Vampir" werden und sich immer wieder bestätigt fühlen wollen. Wenn Sie Sex nur um des Sexes machen heißt das, dass Sie zwar genügend Energie für ihre Weiterentwicklung haben, diese aber nicht nutzen, sondern versuchen sie los zu werden. Wenn Sie keinen Partner haben, dann wird die sexuelle Energie, welche Sie vom Universum bekommen haben, zerstört. Das bedeutet, Sie müssen mindestens zwei- bis dreimal in der Woche Sex haben (am besten zweimal pro Tag) damit Ihr Hormonspiegel in Ordnung bleibt. Sonst kann es zu Zysten, zu Prostatakrebs und anderen unschönen Sachen kommen.

Natürlich ist die Häufigkeit von Sex abhängig vom Temperament beider Partner. Weil wir alle unterschiedlich sind muss Sex beiden Partnern Spaß machen.

Wenn Ihr Mann 1 Mal in der Woche Sex haben möchte und Sie 10 Mal, bedeutet das, dass er sich nicht entwickelt und auf seinem augenblicklichen Level verharrt. Wenn es andersherum ist, ist die Frau „verkopft", ist unsicher und hat nicht genug Weiblichkeit.

Sind die Temperamentsunterschiede sehr groß, d.h. die Frau hat wesentlich mehr Energie als der Mann, dann muss die Frau die überschüssige Energie in Kreativität umsetzen um durch sie nicht zerstört zu werden.

Gleichgeschlechtlicher - oder Gruppensex ist nicht realisierte Kreativität oder ein Trauma bei der Geburt oder während der Kindheit. Damit bleibt man immer auf der gleichen Ebene stehen und es gibt keine Weiterentwicklung.

„Männliche Männer" haben nicht zu lange Sex -sie müssen sich nichts beweisen Bei „weibischen Männern" wird der Sex immer lange dauern, denn sie müssen sich bestätigen in ihrer Männlichkeit. Sentimentale und romantische Männer, die zum Beispiel Gedichte schreiben Lieder singen oder Bilder malen, gehören meistens zu den schwachen Männern, die sich im Sex bestätigen wollen.

Wenn Sie ein kreatives und zielstrebiges Kind zur Welt bringen möchten, sollte der Sex bei der Zeugung des Kindes nicht länger als 30 Minuten dauern und am besten in freier Natur stattfinden. Platonische Liebe bedeutet immer die Zerstörung des Menschen den wir lieben. Wenn wir und unser Partner ganzheitlich werden, werden wir auch mit dem Sex auf eine andere Ebene gelangen, wo es sehr viel Zärtlichkeit und eine tiefe Liebe gibt.

Sex mit Liebe ist immer verbunden mit dem Übergang auf eine höhere Energieebene und Sex ohne Liebe ist lediglich die Realisation der Energie, die wir bekommen haben dafür, dass sie uns nicht zerstört.

Wir und unsere Kinder

Wenn wir über die Zeugung von Kindern sprechen, sollte diese nur geschehen, wenn man sich selbst liebt und einen geliebten Menschen hat. Je größer Ihre sexuellen Bedürfnisse sind und je mehr eine Kommunikation auf Augenhöhe mit ihrem Partner stattfindet, desto höher ist ihr energetisches Potenzial.
Wenn eine Frau:

- keine Ansprüche an sich selbst stellt
- mit allen Menschen auf gleicher Ebene kommuniziert
- die Bereitschaft hat, ihre Beziehung aufs Spiel zu setzen
- Sinn für Humor hat
- grundsätzlich positiv denkt

dann haben Ihre Kinder ein starkes energetisches Potenzial und können sich leicht weiterentwickeln.
Eine hohe sexuelle Energie neutralisiert alle möglichen Probleme, weil Sie die optimale Energiemenge aus der astralen Ebene erhalten.
Glückliche und gesunde Mütter werden auch glückliche und gesunde Kinder haben.
Wenn Sie den Status der Erleuchtung erreicht haben, dann werden Sie:

- authentisch und ganzheitlich sein
- das Leben neutral beobachten

- in der Lage sein, Positionen schnell zu wechseln und dabei das innere Gleichgewicht aufrecht zu erhalten. Sie sind in diesem Fall Beobachter aus der Position 80/10/10. Dann ändert sich alles in Ihrem Lebensprogramm und Sie bekommen eine große Menge Energie. Es existiert ein wichtiges Energiefeld zwischen „Großeltern – Eltern – Kindern– Enkeln". Die Generationen sind miteinander verbunden. Dabei ist die Beeinflussungsmöglichkeit zum Beispiel zwischen Großmüttern und Enkeln stärker als die zwischen Müttern und Kindern. Je konkreter und konstruktiver Eltern mit Ihren Kindern kommunizieren, desto besser ist es für deren Entwicklung. Aber wenn Eltern in einer sehr engen Beziehung zu ihren erwachsenen Kindern leben, zerstören sie die Selbstinitiative der Kinder. Eltern sollten auf gleicher Augenhöhe mit ihren Kindern sein.

Wenn Eltern mit eigenen Lebensproblemen kämpfen, werden sie zu Vampiren ihrer Kinder. Den Kindern erwächst dann ein ernstes Problem und es ist für sie sehr schwierig sich vorwärts zu entwickeln.

Je weniger Kinder sich mit Eltern beschäftigen, die auf ihrem Energielevel und auf einem negativen Zustand verharren, desto wahrscheinlicher ist es, dass sie erreichen was sie wollen, und noch mehr.

Je mehr sie die eigenen Eltern verurteilen, desto mehr übertragen sie die elterlichen Probleme auf sich. Es macht keinen Sinn mit den Eltern zu streiten und auf sie wütend zu sein! So verkürzen Kinder nur ihr Leben und verschlechtern die eigene Gesundheit.

Jedes Elternteil legt im Kind ein unterschiedliches Potenzial an. Wenn eine Mutter möchte, dass das Kind reich und erfolgreich wird, darf sie es nicht gegen den Vater aufbringen. Ein Vater beeinflusst Kreativität, Respekt und Verantwortung vor dem Leben sowie die Handlungsfähigkeit des Kindes.

Wenn die Eltern:

- sich lieben
- regelmäßigen Sex haben und Freude daran empfinden
- sich nicht gegenseitig beschuldigen
- das Kind nicht verurteilen
- ein gutes Vorbild abgeben
- ihrem Kind das Gefühl geben, dasselbe allem Erfolg haben kann
- dem Kind den Rücken freihalten

dann werden ihre Kinder an sich glauben und glücklich und reich werden können.

Warum nehmen Kinder Drogen?

Wenn Ihre Kinder Drogen nehmen, bedeutet es nicht, dass sie schlecht sind, sondern dass ihnen Liebe fehlt und sie die Gesellschaft genau solcher verlassenen und einsamen Kinder wie sie es selbst sind suchen. Einige Eltern werden mir widersprechen, wenn sie dieses lesen, denn sie sind der Meinung, dass ihr Kind alles hat, was es braucht. Ihr Kind lebt vielleicht nicht in einer finanziellen Notlage, aber im Herzen ist es schrecklich einsam und fühlt sich nicht gebraucht. Es hat den eigenen Lebensweg noch nicht gefunden. Das Kind ist weich, sensibel, verletzlich und signalisiert durch den Drogenkonsum den Eltern, dass diese sich untereinander wieder annähern müssen. Dann erst wird es möglich sein als Familie den Kampf gegen die Drogen aufzunehmen.

Warum ist manchmal in derselben Familie ein Kind gut in die Schule und es gibt keine Probleme mit ihm, während das andere Kind schlechte Noten nach Hause bringt und Drogen nimmt? Das Kind, bei welchem alles gut zu gehen scheint, hat einen stärkeren Charakter und ist nicht so sensibel, deswegen kann es ein normales Leben führen. Das Kind, dass Drogen nimmt, versucht durch sein Verhalten zu vermitteln, dass in der Familie etwas nicht stimmt. Es versucht das sinkende „Familienschiff" zu retten.

Das ist ein Zeichen für die Eltern, zurück zu schauen und zu überlegen, was zwischen ihnen beiden nicht stimmt. Vielleicht gibt es schon lange keine Liebe mehr zwischen ihnen, und sie leben nur noch aus Gewohnheit zusammen. Oder vielleicht hat ein Elternteil heimlich eine andere Beziehung. Oder es gibt keine „richtige" Familie, d.h. es gibt nur eine allein erziehende Mutter, die keinen Partner hat. Die Gründe können unterschiedlich sein, aber alle sind in den Familienverhältnissen verwurzelt.

Ich möchte die häufigsten Ursachen nennen:
- Eine alleinerziehende Mutter mit einem Sohn. Mit dem Vater des Kindes lebt sie seit langer Zeit in Scheidung, das Kind hat keinen Kontakt zu seinem Vater. Die Mutter hat mit ihrem privaten Leben und dem Thema Liebe abgeschlossen. Sie versucht nur zu arbeiten um Geld zu verdienen, um sich und ihren Sohn zu ernähren. Was will das drogensüchtige Kind seiner Mutter vermitteln? Es möchte unbewusst, dass sie sich selbst wieder zu lieben beginnt und einen Partner findet um glücklich zu sein.

Das Kind kennt nicht das Gesetz des Universums welches lautet: „Glückliche Mutter – glückliches Kind", aber es spürt, dass es irgendetwas dafür tun muss, dass sich die Situation ändert... Die Mutter kann eine sehr liebevolle Mutter sein, die ihr Kind zu einem anständigen Menschen erziehen will, aber wenn sie nicht glücklich ist, wird sie auch nicht in der Lage sein, ihr Kind glücklich zu machen.

- Eine scheinbar normale Familie hat zwei Kinder, alles ist ruhig und friedlich, aber jedes Elternteil führt schon lange sein eigenes Leben. Der Mann hat eine langjährige Affäre mit seiner Sekretärin. Die Ehefrau fühlt das, hat aber Angst, ihren Mann und ihr bisheriges Leben zu verlieren und will nichts klären. Das Kind (ein Teenager von fünfzehn Jahren) versucht die Familie zu retten. Da es seine Mutter und seinen Vater liebt will er sie alle wieder glücklich sehen. Falls die Eltern im Kampf gegen die Drogen wieder zusammenfinden, gibt es eine Chance die Ehe zu retten. Also sagt das Unterbewusstsein des Kindes: nimm Drogen - um den Versöhnungsprozess der Eltern in Gang zu setzen!
- Ein anderes Szenario. Die Familie hat eine Tochter im Teenageralter aus der ersten Ehe der Frau, doch es gibt noch ein kleineres Kind von dem aktuellen Partner. Dieser Stiefvater, der das ältere Mädchen nicht liebt, will dass diese so schnell wie möglich das Haus verlassen soll. Der Teenager fühlt sich nicht gebraucht. Ihren eigenen Vater sieht sie selten, der hat eine neue Familie mit zwei kleineren Kindern und hat für Sie keine Zeit. Sie hört oft von ihrem Stiefvater die Bemerkung: wann sie denn nun endlich zu arbeiten anfängt und wegziehen wird. Ihre Mutter mischt sich nicht ein, da sie selbst finanziell abhängig von ihrem neuen Mann ist und Angst hat, allein mit einem kleineren Kind übrig zu bleiben. Das ältere Mädchen will von seinen Eltern geliebt werden. Sie möchte immer die "kleine Prinzessin" von früher bleiben, als sie sich glücklich und

geborgen fühlen könnte. Die Eltern sollen sich zum Beispiel an ihren Erfolgen in der Schule freuen und das Mädchen möchte gerne nach dem Abitur studieren. Aber der Stiefvater will sie am liebsten direkt aus dem Haus werfen und sie in eine Ausbildung stecken. Deshalb nimmt das Mädchen Drogen um sich aus der Realität wenigsten für einige Zeit auszuklinken.
-Das nächste Beispiel kommt so oder ähnlich häufig vor: Beide Eltern sind Geschäftsleute und berufstätig. Der Sohn lebt in materiellem Wohlstand. Die Eltern sind selten zu Hause, bringen zwar teure Geschenke mit, sind aber am Leben des Jungen nicht wirklich interessiert, weil sie so wenig Zeit haben. Ihr Sohn wächst vor allem in der Obhut seiner Großmutter auf. Er ist in der Schule unauffällig, stört niemanden, sitzt am Fenster und träumt oft vor sich hin. Die Schulnoten werden von Schuljahr zu Schuljahr schlechter. In seinem Haus fühlt er sich alleine gelassen mit seinen Problemen, Wünschen, Gedanken und Träumen. Nach der Schule isst er bei seiner Oma, danach geht er auf die Straße zu Freunden, die genauso einsam sind wie er. Abends treffen sie sich öfters an einem Lagerfeuer, es wird gemütlich und es ist für alle viel besser als alleine zu sein. Dabei rauchen sie oft etwas, denn nach ein paar Zügen werden die Probleme kleiner und „verschwinden" auf eine andere Ebene. In diesem Moment ist allen warm, sie sind zusammen und fühlen sich verbunden. Das sind die Kinder, die in ihrem Elternhaus nicht genug Liebe bekommen haben. Was sollten Sie machen, wenn sowas passiert? Kümmern Sie sich unbedingt um

Ihre persönliche Weiterentwicklung und versuchen Sie sich zunächst, trotz der unglücklichen Zustände, glücklich zu machen. Erst dann sind Sie in der Lage, ihrem Kind die notwendige Liebe zu geben.
Die Voraussetzungen dafür, dass Kinder aus ihren Familien nicht in irgendeine Sucht flüchten, sind:

- wenn die Eltern sich lieben und das ihren Kindern auch zeigen
- wenn Eltern sich umarmen, küssen, Händchen halten, sich Blumen schenken und die Kinder das alles beobachten
- wenn sich beide Elternteile ständig weiterentwickeln
- wenn keiner einen Gedanken daran verschwendet fremd zu gehen
- wenn Urlaube und die Wochenenden zusammen verbracht werden
- wenn die Eltern Anteil am Leben ihrer Kinder nehmen und sich für sie interessieren,

Zum Beispiel, wenn sie das Kind dabei unterstützen seine Fähigkeiten zu entwickeln:

- wenn die Eltern wiederum Respekt und eine gute Beziehung zu ihren eigenen Eltern haben
- wenn Kind bei Problemen zwar zunächst die Hilfe der Eltern suchen, aber nach einem

Tipp dann die anstehenden Aufgaben selbständig ausführen
-wenn die ganze Familie zusammenhält und durch den gegenseitigen Energieaustausch damit die schwächeren Familienmitglieder unterstützt.
Solange ein Mensch lebt, kann er sich verändern. Wenn Sie ein drogensüchtiges Kind haben, versuchen Sie mit ihrem Partner in Harmonie zu kommen. Eine Möglichkeit ist zum Beispiel auch, dass ihr Kind die Schule wechselt und einen neuen, anderen Freundeskreis aufbaut. Vielleicht können Sie mit Ihrem Kind verreisen um ihm etwas Neues zu zeigen, dabei hat die Natur immer eine heilende Wirkung auf uns Menschen. Sagen Sie dem Kind nicht, dass es das eigentlich nicht verdient hat mit seinen schlechten Noten und seinem Benehmen. Ihr Kind hat dafür selbst ein eigenes Gespür. Im Prinzip war die negative Entwicklung ihres Kindes nur Ihre Schuld und Sie müssen sie wieder gut machen.
Unsere Umgebung formt uns. Wir passen uns grundsätzlich den Menschen an mit denen wir kommunizieren. Wenn Sie eine andere Entwicklungsstufe erreichen, sollten Sie deswegen auch Ihren Freundeskreis wechseln. Das heißt, Sie sollten nur Kontakt zu positiven Menschen haben, die sich auch entwickeln möchten. Alle anderen sollten Sie melden, sonst werden diese Ihre Entwicklung bremsen.
Geben Sie von ihrem Überfluss der Liebe ab ohne etwas zurück zu verlangen und es wird sich lohnen! Investieren sie ihre Liebe

in das Leben Ihres Kindes und sagen Sie ihm, dass es erfolgreich, klug, intelligent und dass es der Beste ist. Ihr Kind wird genauso sein, wenn Sie an es glauben. Sagen Sie Ihrem Kind, dass es Ihnen leidtut, und sie nicht perfekte Eltern sind, aber dass Sie es so sehr lieben und Sie deshalb versuchen auch sich zu verändern. Seien Sie offen, zeigen Sie ihre Schwäche und versuchen Sie an sich zu arbeiten. Ihr Kind ist sehr sensibel und wird merken, wenn Sie Ihm gegenüber ehrlich sind. Das ist natürlich ein Prozess, und dieser entwickelt sich genauso schnell, wie Sie sich verändern werden. Alles liegt in Ihren eigenen Händen.

Natürlich spielt auch die genetische Veranlagung eine bestimmte Rolle, aber nur zu etwa 20 %. Falls Ihr Mann zum Beispiel eine Sucht entwickelt hat, ist Wahrscheinlichkeit hoch, dass auch ihr Kind irgendwelche Süchte haben könnte. In solchen Fällen kann man den Familienstammbaum betrachten und mit Familienaufstellungen oder anderen energetischen Methoden Korrekturen vornehmen. Die Familie spielt für alle ihre Mitglieder die Hauptrolle.

Wenn Sie einen Mann haben, der eine Sucht hat (zum Beispiel Alkohol, Drogen, Arbeit, …) oder der Perfektionist ist, dann hat dieser zu wenig Liebe von seinen Eltern bekommen und besitzt keine mentale Stärke. Er wird ihnen bei den Problemen nicht zuhören. Sie können einen solchen Mann nur verändern, wenn Sie selber genug Liebe besitzen und ihm diese weitergeben. Wenn Sie die ganze Zeit alles tun, um Ihre Beziehung zu pflegen, bzw. zu retten, werden Sie irgendwann erschöpft sein. Wenn Sie über ihre Gefühle und Probleme nicht sprechen können, dann manifestieren sie sich auf ihrer physischen Ebene und führen zu gesundheitlichen Problemen. Wichtig ist, dies zum richtigen Zeitpunkt zu erkennen und zu versuchen Lösungsmöglichkeiten mit ihm zu besprechen, um einen Ausweg zu finden. Oder wenn das nicht zu einer Lösung führt, auseinander zu gehen.

Eine Mutter darf Ihre Kinder nie verraten, für keinen Mann auf dieser Welt. Wenn ein Mann Sie wirklich liebt, wird der auch Ihre Kinder aus einer anderen Ehe akzeptieren, sonst sollten Sie nicht mit diesem Mann zusammenbleiben, egal, wie sehr Sie ihn lieben. In einer solchen Beziehung werden Sie nie wirklich glücklich.

Glückliche Kinder

Wenn Sie glückliche Kinder zur Welt bringen möchten, müssen Sie das planen. Ihr Partner und Sie müssen sich das Kind beide sehr wünschen und es muss eine große Liebe vorhanden sein als Voraussezung dafür, dass das Kind tatsächlich glücklich wird. Sie müssen sich bewusst ausmalen wie, und mit welchen Fähigkeiten ihr Kind auf die Welt kommen soll.
Kreative und talentierte Kinder werden meistens in der Zeit gezeugt in der die Natur voll erblüht ist. Darum ist es kein Wunder, das die Sternzeichen „Wassermann" und „Fisch „oft diese Talente besitzen.
Jeder Mensch kommt in diese Welt mit einem festgeschriebenen Karma. Einer hat Probleme, Krankheiten und Schwierigkeiten, für den Anderen wird alles schön und gut. Das bedeutete sich noch keine Wertung, sondern es ist einfach so. Der Mensch mit einem guten Karma muss sich zwingen neue Entwicklungsstufen zu erreichen, da ihm vieles quasi in den Schoß fällt. Der Mensch mit einem schlechten Karma entwickelt sich durch die Überwindung seiner Schwierigkeiten.
Bei Befruchtung wird über die energetische Kapazität des Kindes entschieden. Wenn zwischen den Eltern große Liebe und Leidenschaft existiert, wird ihr Kind eine starke Lebensenergie bekommen, was ihm hilft später seine Ziele zu realisieren. Wenn jedoch einfach nur Sex im Spiel war, wird das Kind faul

sein und keine besonderen Ziele erreichen. Jedes Kind hat mehrere Variationsmöglichkeiten innerhalb seines Karmas. Immer werden Kinder mit vergleichbarem Karma innerhalb des Universums geboren. Das bedeutet, im Universum herrscht eine göttliche Ordnung. Wenn ein Mensch sein Lebensprogramm nicht erfüllt, dann gibt es andere Menschen die ihr eigenes Programm realisieren.
In den 9 Monaten der Schwangerschaft werden bei einem Kind seine Reflexe angelegt. Die Mutter muss die Zeit der Schwangerschaft in Liebe und Harmonie, Dankbarkeit und Glück verbringen. Sie sollte sich viel in der Natur aufhalten. Wenn das nicht so geschieht, dann verschlechtert sie den Charakter Ihres Kindes und es werden Probleme und Schwierigkeiten im Leben des Kindes vorprogrammiert sein. Sollte das Kind grundsätzlich ein höheres Lebenspotenzial als seine Mutter haben, wird sie Übelkeit und Erbrechen in der Schwangerschaft bekommen, in den Schwangerschaftsmonaten werden beim Embryo entwickelt:

- im ersten Monat: sein inneres Weltbild
- im zweiten Monat: sein äußeres Weltbild
- im dritten Monat: seine Gesundheit
- im vierten Monat: seine Intuition
- im fünften Monat: seine Kommunikationsfähigkeit
- im sechsten Monat: seine Aufnahmekapazität der Umgebung im Universum

- im siebten Monat: seine Fähigkeit, die richtigen Entscheidungen zu treffen
- im achten Monat: sein Aufbau des inneren Kerns
- im neunten Monat: seine Grundlage für Reichtum und Erfolg

Wenn eine Frau eine schnelle Geburt hat, wird das Kind im Leben fleißig sein und alles schnell erreichen. Bei einer langwierigen Geburt wird dem Kind zunächst vom Universum viel gegeben, dann aber wieder weggenommen und letzlich muss sich dieses Kind von neuem alles selbst erarbeiten, um dauerhaft erfolgreich zu sein.

Kinder die durch Kaiserschnitt auf die Welt gekommen sind, können sich selbst im Leben nicht verwirklichen. Solche Kinder können sich nur dann realisieren, wenn es eine starke Person ihrer Nähe gibt, die sie unterstützt.

Bei einer Geburt nach künstlicher Befruchtung haben diese Kinder eine sehr eng begrenzte Weltauffassung und können nicht über die Grenzen ihres Lebensprogramms hinauswachsen.

Ein Kind vereint in sich die gemeinsamen Gefühle von beiden Eltern, die diese zueinander empfinden. Eine bestimmende Rolle spielen auch die Ahnen, und da besonders die Großeltern. Oft überspringen Lebensmuster eine Generation. Beispielsweise wird ein Enkelkind sein Leben in gleicher Weise gestalten wie die Großeltern, und zwar sowohl in positiver als auch in negativer Richtung.

Wenn Kinder auf der einen Seite viele Talente haben, dann haben sie auch auf der anderen Seite „Baustellen", die bearbeitet werden müssen. Kommen Kinder ohne diese „Baustellen" auf die Welt, haben sie kein langes Leben, da sie keine Aufgabe vom Universum erhalten haben und nichts bearbeiten müssen.
Es gibt Menschen, die mit gutem genetischem Karma von ihren Großeltern auf die Erde kommen und darauf stolz sind, aber nicht genug Energie besitzen, dieses Karma auch zu leben. Dann werden sie Krankheiten in ihrem physischen Körper bekommen.
Wenn die Mutter Ihren Sohn vergöttert, dann wird er später nicht zufrieden sein mit allen Frauen im Leben.
Wenn eine Mutter ihren Sohn unterdrück dann kann er unglücklich in seinem Privatleben werden. Wenn die Mutter aggressiv ist, dann wird er im Leben schwach und unsicher sein, evtl. auch Angst vor Frauen haben. Später kann es bei diesen Söhnen sogar zur Umkehrung der sexuellen Orientierung kommen.
Wenn der Vater keine gute Beziehung zu seiner Tochter hat, dann wird Ihr Kinder im Leben unsicher sein und oft lügen.
Wenn eine Mutter sehr streng und intelligent ist und immer Recht hat, dann können Ihre Kinder kriminell werden.
Wenn Eltern miteinander streiten dann haben die Kinder am nächsten Tag sehr häufig Halsschmerzen oder Erkältungen.
Wenn Aggression bei dem Streit dabei ist, dann können die Kinder Kopfschmerzen oder ein Trauma bekommen. Wenn die

Eltern stark in einem dualen System leben, d.h. alles nur entweder Schwarz oder Weiß sehen und keine Zwischentöne kennen, aber in ihrem Inneren dabei sehr schwach sind und keinen starken inneren Kern haben, dann werden die Kinder solcher Eltern sehr oft krank sein und Unfälle haben.
Wenn eine Mutter eine negative Einstellung zum Sex hat und alle Männer aus Prinzip hasst, dann werden Ihre Kinder in ihren Lebensmustern verharren und keine Kreativität entwickeln.
Wenn Sie wollen, dass ihre Kinder etwas im Leben erreichen, dann müssen Sie zunächst selbst etwas erreichen. In dem Moment, wenn Kinder sehr intensiv etwas voranbringen in Ihrem Leben, müssen die Eltern zusammen mit ihren Kindern wachsen. Wenn die Eltern das nicht machen, dann werden sie schnell krank sein und früher sterben.
Wenn Sie wollen, dass Ihre Kinder alles mit Vergnügen erledigen, dann geben sie ihnen ein gutes Beispiel und erledigen sie ebenfalls ihre Aufgaben mit Vergnügen.
Disziplin ist die Hauptsache bei der Entwicklung von Kindern. Wenn die Eltern das Kind zu irgendwas zwingen, kann es zum Beispiel solche Krankheiten, wie Allergien, Asthma und Diabetes auf Dauer bekommen.
Wenn Eltern oft miteinander streiten und sehr hart zueinander sind, können Ihre Kinder Sprachprobleme, wie zum Beispiel Stottern entwickeln. Mit übertriebener Liebe entziehen die Eltern den Kindern Lebensenergie. Wenn Eltern zu oft mit ihre Kinder schmusen und sie küssen, und die Kinder dabei

versuchen sich zu befreien, werden die Kinder oft krank. Sie müssen die goldene Mitte bei der Kommunikation mit Ihren Kindern finden, das heißt, wenn Sie schimpfen oder loben, dann machen Sie das jeweils nur kurz. Denken sie daran, das immer an erster Stelle steht, dass Sie Ihr Kind lieben und sie nicht Ihre eigene Wut an ihm auslassen.
Bevor Sie ein Kind tadeln, sagen Sie ihm zuerst zum Beispiel: „(Kevin/ Lisa), du bist ein guter Junge/ Mädchen, du weißt normalerweise wie es man richtig macht". Dann wird Ihr Kind im Unterbewusstsein wissen, dass es grundsätzlich gut ist und nur die aktuelle Handlung gerade schlecht war, und es wird es beim nächsten Mal richtigmachen. Wenn Sie aber sagen, dass das Kind schlecht oder dumm ist und immer alles falsch macht, wird das dazu führen, dass dieses Kind unsicher im Leben wird und keine eigene Initiative zeigt.
Es wird sich nicht weiter entwickeln, aus der Angst davor etwas Falsches zu machen. Wenn den Eltern irgendwas an ihrem Kind nicht gefällt, dann werden Sie oft aggressiv, und zwar deswegen, weil sie die gleichen Anlagen in sich selbst auch haben, die aber bei Ihrem Kind viel stärker ausgeprägt sind. Wenn sie die Tat ihres Kindes noch mehr hassen als das Kind selbst, dann wird es beim nächsten Mal noch schlechtere Dinge anstellen. Eltern dürfen keine Schuldgefühle vor ihren Kindern oder den eigenen Eltern haben. Wenn Sie Schuldgefühle vor ihren Kindern haben, dann werden die Kinder sie hassen oder Lügner sein. Wir formen mit unseren Vorstellungen unsere

Gesundheit. Die Leber ist unsere Freundlichkeit, das Herz ist unsere Einstellung zum anderen Geschlecht, die Lunge ist unser Schicksal, der Magen ist unsere Akzeptanz, das Harn-Genitalsystem ist die Familie, die Haut ist die Spiritualität. Wenn Sie genau wissen möchten mit welchem Organ welche Handlung korrespondiert, dann finden sie mehr Informationen auf meiner Webseite:
www.heilung-mit-kosmoenergetik.de

Magie

Es gibt jene Art von Magie, bei der man mit den Fingern schnippt und unterschiedliche Dinge geschehen. Etwas materialisiert sich, ein Mensch wird wieder gesund oder plötzlich reich. Diese Magie ist nichts anderes als eine Art von „Blockierung", das bedeutet: hier wird die Ursache lediglich verschoben.
Was aber ist diese „Blockierung"? Blockierung meint, wenn Sie plötzlich das bekommen, was Sie eine Sekunde vorher noch nicht besessen haben, sind Sie nicht selbstständig an Ihr Ziel gekommen. Folglich hatten Sie dafür weder das notwendige Fundament noch die physische Erfahrung.
Wenn man ein Haus ohne ein Fundament baut, so stürzt es früher oder später ein. Das heißt für Sie: solange Sie nicht fühlen, dass es Ihre Entscheidung ist und Sie nicht an den Grundlagen gearbeitet haben, können Sie nicht so handeln. Es muss immer ein gewisses Maß an Grundlagenarbeit Ihrerseits geleistet werden.
Eine gewisse Zeit später werden Sie reich, gesund, erfolgreich, jung und schön werden. Dann fragt man Sie: "Wie hast du das geschafft?" Sie entgegnen: "Was konkret?" - "Du bist reich geworden!" - "Ich bin reich geworden? Ich war doch schon immer reich!" Das ist die Reaktion auf wahre Magie, die stets

unauffällig im Hintergrund passiert. Sie verhalten sich ihr gegenüber gelassen, wie bei etwas ganz Selbstverständlichem. Wenn Sie starken und positiven Menschen, bei denen bereits alles hervorragend ist, (die sich zurzeit auf einer höheren Ebene als Sie befinden) Liebe, Güte und Glück wünschen, so schaffen Sie die Grundlage dafür, dass in Ihrem Leben ebenso alles hervorragend sein wird. Sie werden zugleich auf das höhere Niveau "gezogen".

Sie werden sich zwar rastlos bzw. zunächst belastet fühlen, was bedeutet, dass Veränderungen und Entwicklungen vonstattengehen. Aber letztlich wird sich Ihre Situation bessern, wenn Sie die neue Ebene erreicht haben. Also wenn Ihr Denken dann der Realität entspricht, Sie nicht versuchen andere zu retten, Sie keine Ratschläge erteilen und nicht mit dem Erreichten angeben.

Sollten Sie starke und gute Menschen verurteilen, die bereits eine höhere Entwicklungsstufe erreicht haben so nehmen Sie deren Karma auf sich (ihre Lebenserfahrung und ihre Fähigkeiten).

Wenn Sie einen anderen verurteilen, der tatsächlich etwas falsch gemacht hat, dann wird sich bei diesem Menschen alles gut entwickeln und bei Ihnen selbst schlecht. Jene Menschen werden sich weiter vorwärtsbewegen und sich die Entwicklungsstufe aneignen, die sie nicht verdient haben. Sie selbst hingegen erfahren Probleme und müssen diese so abarbeiten, als würden Sie persönlich für alles, was die anderen Menschen getan haben, bestraft.

Wenn Sie solchen „unguten" Persönlichkeiten hingegen Liebe, Güte und Glück wünschen, kommt denen in diesem Fall die Erkenntnis, was sie zu tun haben um sich zu verändern und ein nächsthöheres Niveau zu erreichen. In dem Moment, in dem Sie den anderen Menschen Liebe senden, schaffen Sie Umstände, dass jene besser und effektiver werden.

Wenn Sie Ihr Leben umgehend verändern wollen, Sie aber nicht an sich selbst arbeiten wollen, so suchen Sie sich Menschen, die sich „ungut" verhalten, stehlen, betrügen, alles und jeden hassen und wünschen Sie denen Liebe. Wünschen Sie ihnen Glück, Reichtum, hervorragenden Sex, Jugend, Gesundheit, Güte und ein ausgezeichnetes Leben. Stellen Sie sich vor, dass Leben dieser Menschen sei bereits in diesem Augenblick so! Wichtig ist, dies spielerisch und mit Liebe zu tun. Wenn Sie plötzlich sehr wütend auf jemanden geworden sind, so wünschen Sie ihm eine gigantische Menge Liebe.

Das funktioniert bestens mit allen Menschen, seien es Politiker oder einfach nur Ihre Nachbarn. Am interessantesten ist es, wenn Sie einem guten Menschen Liebe schicken, dann wird bei ihm alles gut werden und auch Sie werden Änderungen zum Positiven erleben.

Ganzheitlichkeit

Alle Energie die Sie aussenden, kommt immer wieder – wie durch eine Spiegelung – zu Ihnen zurück!
Es gibt einen Begriff der Verhältnismäßigkeit der Energie, das heißt, sie wird relativ zu den Gesetzen gebildet, die Sie selbst benutzen. Die Gesetze formen Möglichkeiten, die Sie im Gegenzug erhalten. Wenn Sie die Energie „falscher" Gesetze auf andere Gebiete übertragen, bekommen Sie zwar am Ende was Sie gewollt haben, werden allerdings kein Vergnügen daran haben.
Wenn Menschen sehr viel arbeiten und ihnen diese Arbeitswut toll erscheint, wieso verschwinden bei denen dann große Geldsummen im Nichts? Die Antwort darauf ist: Das Geld, welches man zu dem Zeitpunkt verdient, an dem man sich eigentlich hätte ausruhen sollen wird Ihnen wieder weggenommen. Der Grund: das Fundament Ihrer Energie ist die Ruhe und nicht die Arbeit.
Genauso wird auch das Geld wieder weggenommen, das man verdient, aber bei dem man zu geizig ist, es für sich selbst auszugeben, obwohl man innerlich den Wunsch hatte, sich etwas zu leisten.
Sie legen dieses Geld zwar an, aber es wird Ihnen vom Universum wieder weggenommen. Sie verleihen es zum

Beispiel an Freunde, verlieren es oder es wird ihnen gestohlen. Alles in allem sind Sie nicht bereit dafür.

Viele sind der Meinung, wenn unser Programm doch bereits vorher festgeschrieben ist, kann man sich entspannt zurücklehnen und braucht nichts zu unternehmen. Die Dinge werden ihren Lauf nehmen und das Umfeld "soll mich doch bitte so akzeptieren, wie ich bin." Die Menschen empfangen nur Informationen, die ihrem eigenen Energielevel entsprechen.

Dass ein Programm vorherbestimmt ist, bedeutet nicht, dass es auch realisiert wird.

Das einfachste Beispiel dafür ist der Lehrplan einer schulischen Einrichtung, dieser ist vorgeschrieben. Aber inwiefern wir ihn uns aneignen können, hängt sowohl von unserem Fleiß, als auch von den äußeren Umständen ab. Jeder besitzt sein eigenes Potenzial in der einen oder anderen Richtung, seien es Fähigkeiten, seien es Karieren oder Beziehungen. Unser Programm des Universums ist ideal - wir sind es hingegen nicht. Das ist großartig, denn nichts kann einem ein größeres Gefühl der Genugtuung geben, als wenn wir Hindernisse positiv überwinden. Wir leben und entwickeln uns, solange wir uns vorwärtsbewegen!

Also was genau ist diese Vorwärtsbewegung?

Von Geburt an verfügen wir über eine gewisse Reflexartigkeit, die sowohl genetisch übertragen wird als auch von unserem nächsten Umfeld (in erster Linie von den Eltern) in unserem Unterbewusstsein angelegt wird.

Der Prozentsatz vom Neuen, der von außerhalb in unser Leben kommt, ist in der Lage, den gewohnten Gang der Geschehnisse durcheinander zu bringen. Wir wollen etwas Besseres, etwas Neues werden. In diesem Fall sind bewusste Veränderungen an sich selbst notwendig. Indem wir selbst uns ändern, merken wir, wie sich die Umwelt als Reaktion auf uns ebenso verändert. Ganzheitlichkeit – das ist die Wahrnehmung der Welt, so wie sie ist. Wir hören auf Kompromisse mit uns selbst zu schließen und sagen und handeln so, wie wir fühlen.

Wodurch unterscheidet sich Ganzheitlichkeit von Dualität? Ganzheitlichkeit ist im Wesentlichen die Fähigkeit positiv zu denken, zu sprechen und zu handeln.

Dualität bedeutet, dass wir alles in Gut und Böse, in Wahrheit und Lüge, in Schwarz und Weiß trennen. Je weiter sich der Mensch entwickelt, desto mehr versteht er, dass die Grenzen zwischen Wahrheit und Lüge verschwinden, wenn die Menschen ihre Wünsche mit dem vertauschen, was sie in Wirklichkeit besitzen. Der Kontrast ist allerding erforderlich im Prozess der persönlichen Entwicklung.

Wie funktioniert der Ausstieg aus der Dualität?

Wenn man in seinen Erinnerungen schwelgt, muss man seine innere Mitte halten. Denn im Jetzt besitzt der Mensch eine höhere Frequenz als in seinen Erinnerungen.
Wenn wir in die Vergangenheit zurückkehren und dabei 80% unserer Energie in unserer inneren Mitte halten, dann verändern wir das, was vor sich gegangen ist. Sogar wenn wir nur in der Position eines Beobachters dorthin zurückkehren. Wenn wir dies aus unserer Mitte heraustun, dann werden wir auf schnellem Wege wieder ins Jetzt zurückgeholt. Dies ist notwendig, damit wir aus der Vergangenheit jene Energie nutzen können, die wir dort verloren haben, als wir uns anderen unterordneten, als wir von der Meinung anderer abhängig waren und als wir auf das Ziel, anstatt auf den Prozess gesetzt haben.
Im Moment der Erinnerung, ohne dabei die innere Mitte zu halten, altert der Mensch. Er beeinflusst seine Zukunft negativ und er begibt sich in jene Vibrationen, in denen er sich in seiner Vergangenheit aufhielt. Wenn wir uns im Hier und Jetzt befinden, dann wirkt unsere Vibration auf unsere Vergangenheit. Wir holen uns von dort lebensnotwendige Energie, indem die Struktur der Vergangenheit verändert wird und wir sie in die Zukunft schicken können.

Für die Umsetzung können folgende Modelle angewandt werden:
> 1. Wir stellen uns vor was wir wollen und schauen auf die positiven Gefühle, die wir dabei empfinden. Wir verspüren Ruhe und fühlen uns gut dabei. Danach richten wir nach mindestens 10 bis 15 Sekunden die Aufmerksamkeit wieder auf Alltägliches und müssen uns durch physische Handlungen, wie zum Beispiel Sport, Putzen, …mindestens 20 Sekunden erden.
> 2. Wir stellen uns für mindestens 10 bis 15 Sekunden in einem inneren Monolog vor, was wir in unserem Leben erreichen wollen und welche Gefühle wir dabei verspüren möchten. Danach fühlen wir uns als Mann bzw. Frau und sind dabei glücklich im Hier und Jetzt.

Wenn wir zu lange mit unseren Gedanken in der Zukunft hängen, dann ist unsere Frequenz im Jetzt niedriger als im Vergleich zu der in der Zukunft.

Deshalb geschieht nicht jenes, was wir uns so sehr für unsere Zukunft wünschen. Wenn wir viel darüber erzählen, was wir zukünftig machen wollen, zerstören wir es damit, weil wir es in die Gegenwart ziehen und in einer niedrigeren Frequenz der Gegenwart durchleben. Letztendlich kommen wir zu dem Resultat, dass unsere Pläne in der Zukunft nicht ausgeführt werden können. Wenn Sie zu lange das visualisieren, was Sie haben wollen, können Sie es bekommen, aber dies geschieht über Krankheit, Probleme und Unannehmlichkeiten und Sie werden dabei nicht glücklich werden. Deshalb sollten Sie beim Wünschen sagen: „Es soll alles so kommen, aber ich bin offen dafür dass es noch besser sein könnte, als ich es mir vorstelle." Wenn wir zu festgelegt bei unseren Wünschen sind, also Angst haben, begrenzt und engstirnig unsere Ziele verfolgen, dann führt dies dazu, dass wir unsere Zukunft zerstören. Da es uns aber nicht möglich ist die Zukunft zu zerstören, vernichten wir uns selbst im Hier und Jetzt.

Wenn die Zeit gekommen ist für einen Aufstieg auf eine höhere Entwicklungsebene, dann können wir entweder dazu bereit sein oder nicht. Wenn wir noch nicht dazu bereit sind, dann kommt es zu einem Prozess der Kompensation, welcher sich zum Beispiel über Altern, Verschlechterung des Sehens, Problemen mit der Verdauung und allgemeinen Problemen äußert. Deshalb ist es unsere Aufgabe Altes loszulassen und sich Neuem zu öffnen, während man sich im Hier und Jetzt befindet.

In dem Augenblick, wenn wir von einer Entwicklungsebene auf die nächste übergehen werden wir automatisch festgelegt. Was vor dem Übergang Liebe war, transformiert sich während des Übergangs zu Angst. Dort wo Sie vorher vielseitig waren, werden Sie begrenzt, weil es nötig ist sich zu erweitern.

Wie ist es nun möglich nach dem Übergang auf die nächste Entwicklungsebene wieder vielseltlg zu werden und die eigenen Grenzen, die beim Übergang gesetzt wurden, zu überschreiten? Die Fähigkeit schnell Entscheidungen zu treffen, unabhängig davon wie Sie sich in dieser Situation fühlen und Ihre Fähigkeit

den Verarbeitungsprozess von Informationen zu verkürzen, spielen dabei eine wichtige Rolle. Einerseits ist es notwendig neue Erkenntnisse zu gewinnen, Neues zu erlernen und sich ständig vielseitig weiterzuentwickeln. (Wenn Sie neue Informationen entdecken und diese auf sich übertragen, dann erweitern Sie das schon vorher angesprochene Auffassungsvermögen). Ihre Aufgabe dabei ist es, in Ruhe und Gelassenheit zu verharren und dabei glücklich zu sein. Andererseits haben wir Angst vor dem Tod und vor allem Neuem, das in unser Leben tritt. Nur wenn wir nicht authentisch sind, können wir uns nicht weiterentwickeln und haben keine Energie dazu. Wenn wir von einer Entwicklungsstufe auf die nächste Ebene wechseln, steht uns grundsätzlich immer sehr wenig Energie zur Verfügung.
Ihre Energie basiert auf Ihrem persönlichen Erfahrungsschatz, durch den Sie Ihre Umwelt sehen und betrachten können. Wenn Ihr Auffassungsvermögen nicht groß genug ist, dann handeln Sie reflexhaft. Betrachten wir folgendes Beispiel: Sportler handeln ab einem hohen Grad der Erschöpfung nur noch reflexhaft. Wenn sie in einem guten und ausgeruhten Zustand sind, können sie auch improvisieren. Sobald ein hoher Level der Erschöpfung und Müdigkeit erreicht wird, handeln sie nur noch automatisch. Genauso geschieht es mit uns, wenn wir in neue Situationen treten und unser Erfahrungsschatz nicht ausreicht, dann reagieren wir automatisch reflexartig. Deshalb ist es unsere Aufgabe uns immer zu transformieren und unsere

Reflexe zu verändern, sich von Altem zu lösen und Neues zu erschaffen. Es ist wichtig Folgendes zu verstehen: „Leben bedeutet Fortschritt.".
Bevor wir eine Entwicklungsebene verlassen, kommt es immer zu einem inneren Konflikt. Meistens haben wir die Möglichkeiten der aktuellen Ebene noch nicht ausgeschöpft und sind deshalb noch nicht bereit dazu etwas Neues zu erfahren und zu akzeptieren. Wir klammern uns an Stabilität und Geborgenheit, ordnen uns anderen Menschen unter und haben Angst nicht das zu tun, was wir fühlen. Wir sind viel zu sehr auf unseren Verstand fixiert. Dies bedeutet, dass wir uns anderen Menschen unterordnen, unsere eigenen Fehler nicht eingestehen und durch Schwarzmalerei unserer Umwelt beeinflusst werden.
Im Moment des Übergangs ist es wichtig, dass wir Vergangenes loslassen können. Also bereit sind das zu verlassen was wir waren und neugeboren zu werden als jene Person, die wir dann sind.
Zum Beispiel haben Buchhalter früher mit Taschenrechnern gerechnet. Heutzutage wird das Rechnen von Computerprogrammen übernommen. Durch diesen Fortschritt muss ein Buchhalter bereit sein, seine bisherige Arbeit hinter sich zu lassen und auf eine neue Ebene zu gelangen.
Sie müssen keine Angst haben, wenn bei Ihnen etwas schiefläuft, denn das ist ein ganz normaler Prozess. Die Angst rührt daher, dass Sie sich noch an bequeme alte Muster

klammern. Wenn Sie dagegen Neuem mit Liebe begegnen, können Sie sich weiterentwickeln. Mit Liebe assoziiert man immer die Liebe zwischen Mann und Frau. Wir verlieben uns dann, wenn der andere Mensch Eigenschaften besitzt, welche uns fehlen, die wir aber gerne hätten. Aber wir müssen uns erst einmal selbst lieben bevor wir fähig sind andere Menschen zu lieben. Wenn wir uns selbst lieben, ziehen wir automatisch den Partner an, welcher bereit ist sich zusammen mit uns weiterzuentwickeln. Dafür ist es wichtig authentisch zu sein und die eigenen Emotionen zu akzeptieren. Weiterhin spielt dabei eine Rolle, wie Sie sich gegenüber Ihrer Umwelt verhalten. Wenn etwas Neues in Ihrem Leben auftaucht und Sie sich daran gewöhnen, wird es nicht mehr als Glück von Ihnen wahrgenommen, sondern einfach als erfüllter Wusch angesehen. Wieder ist es wichtig sich im Hier und Jetzt zu befinden, einfach glücklich zu sein und zu verstehen, dass die Welt nicht perfekt ist. Wäre sie perfekt, dann würde sie stehen bleiben und sich nicht weiter entwickeln können. Wenn die Welt „ideal" wäre, würde sie anfangen sich zu zerstören. Fortschritt ist nur möglich, wenn es Platz für Fehler gibt. Fehler bedeuten, dass wir etwas nicht automatisch so machen wie in der Vergangenheit, sondern anfangen etwas hinzuzufügen, was nicht der Stabilität entspricht, in der wir uns aufhielten. So erleben wir ständig einen Konflikt zwischen dem was ist, und dem was sein wird. Das was geschehen wird steht schon fest und wird auch passieren. Wissen was geschieht und sich im

Hier und Jetzt zu befinden, sind zwei völlig verschiedene Dinge. Also man kann die Zukunft vorhersehen, aber die Zukunft wird sich ändern, wenn Sie sich verändern.

Glück bedeutet, dass Sie sich im Einklang mit Ihrer Vorbestimmung befinden und Ihr Programm ausführen. Wenn wir zweifeln und nicht akzeptieren wer wir sind, verändern wir unseren Zustand und gehen von einer Wahrscheinlichkeit über zur nächsten, aber nicht entsprechend unserer Vorbestimmung. Wir müssen lernen wir selbst zu sein, so wie wir sind und dabei im Hier und Jetzt anzugelangen. Dann eröffnet sich uns das volle Spektrum an positiven Frequenzen und alle Grenzen erweitern sich. Wir ziehen Menschen aus unserer Umgebung an, die mit uns auf derselben Frequenz kommunizieren. Je mehr Grenzen und Einschränkungen wir selbst haben, desto mehr zerstören wir andere Menschen. Sie sehen uns als unkommunikativ und nicht authentisch an. Nicht authentisch zu sein bewirkt, dass Sie nicht die Fähigkeit haben sich schnell zu verändern und dass Sie nicht erkennen wer Sie in Wirklichkeit sind. Dadurch produzieren Sie Schwierigkeiten, altern schneller und blockieren das, was in Ihrem Leben vorangehen könnte.

Ganzheitlichkeit bedeutet alles in allem:
- sich im Hier und Jetzt zu befinden;
- sich als Mann oder Frau zu fühlen;
- sich nicht auf das Ziel, sondern auf den Prozess zu konzentrieren;

- anzuerkennen wer wir sind, also ehrlich zu sich selbst zu sein;
- sich schnell verändern zu können und dabei zu wissen, was man will;
- sich Situationen vorzustellen, die wir erreichen wollen.

Das bedeutet aber nicht, dass die Situationen so eintreten werden, wie wir sie uns vorgestellt haben. Es bedeutet lediglich, dass wir uns in diese Richtung bewegen werden. Jeder Anfang ist schwer. Wenn alles beim ersten Mal schon funktionieren würde, dann würde sich in uns Stolz und Überheblichkeit regen und wir würden alle anderen verurteilen, bei denen es nicht beim ersten Anlauf funktioniert hat.

Wenn Sie andere verurteilen und schlechtmachen, dann übernehmen Sie die Probleme dieser Menschen und arbeiten deren Karma ab. Je schneller Sie etwas erlernen, desto größer ist die Wahrscheinlichkeit, dass Sie anfangen zu denken, dass Sie besser als die anderen seien, die das noch nicht geschafft haben.

Ein Mangel an Energie führt auch zur Verurteilung von anderen und zu Unzufriedenheit.

Warum denken wir schwarz / weiß und befinden uns damit in einer Art Dualität? Die Antwort lautet, dass es uns an Energie mangelt. Wann geschieht dies? – wenn wir einerseits nicht bereit sind zu akzeptieren, dass wir jeden Augenblick sterben können und andererseits nicht akzeptieren, dass wir ewig leben können.

Wenn wir uns nicht in Richtung Wohlstand weiterentwickeln wollen, dann ziehen wir unbewusst „Vampire" an, d.h. Menschen die versuchen uns unbewusst jene Energie abzuziehen, welche wir benötigen. Wenn Sie etwas noch nicht reflexartig, also automatisch machen, schaltet sich sofort die Verurteilung von anderen Menschen an, die nicht genauso handeln wie Sie. Sie erkennen in diesen Menschen Ihre eigenen Schwächen und Fehler und mögen sie deshalb nicht. Wenn Sie einen Prozess erlernt haben und diesen automatisch abrufen können, zum Beispiel waren Sie dick und wurden dünn, dann müssen Sie alle dicken Menschen mit Ruhe betrachten und es darf Sie nicht stören. Sie müssen akzeptieren, dass jeder selbst über sich entscheiden kann. Wenn wir beim Übergang vom Dicksein ins Schlanksein andere verurteilen, dann haben wir unsere energetische Kapazität nicht weit genug entwickelt. Wir assoziieren uns mit den schlanken Menschen, obwohl wir diesen Übergang noch gar nicht vollzogen haben.

Kapazität, Dualität und Geschwindigkeit der Informationsverarbeitung

Wenn Sie schnell Informationen verarbeiten, dann werden Ihnen die gegenwärtigen Prozesse bewusst. Wenn Sie einen klaren Verstand besitzen, müssen Sie immer versuchen Ihr Potential an Liebe zu vergrößern, denn wenn es Ihnen an Liebe fehlt, werden Sie clever im negativen Sinn, verräterisch und Sie betrügen Ihre Umgebung. Sie rechtfertigen sich dabei damit, dass die anderen dumm seien und sich nirgendwohin weiterentwickeln wollen. Sie denken dann: warum sollte ich diese Situation nicht ausnutzen. Wir müssen jedoch mit anderen Menschen so umgehen wie wir wollen, dass sie auch mit uns umgehen.

Wir müssen uns vollkommen in die anderen hineinversetzen, in ihre Frequenz, in ihre Weltanschauung und ihre Energie. Indem wir uns weiterentwickeln müssen wir unsere Kapazitäten (persönliche Ressourcen) und Aufnahmefähigkeit erweitern. Aufnahmefähigkeit bedeutet, dass Sie eine Situation annehmen, aber nicht wissen wie Sie weiter handeln sollen. Kapazität bedeutet, wenn Sie eine Information, bzw. Situation annehmen, darauf reagieren und Sie zu Ihrem Nutzen transformieren. Wenn die Geschwindigkeit der Vibrationen bei Menschen ansteigt, dann treten wir in die Energie der

Vollkommenheit ein, trotzdem verurteilen wir immer noch andere Menschen. Deshalb müssen wir unsere Aufnahmefähigkeit beim Übergang auf die nächste Stufe erweitern und dürfen nicht auf das Ergebnis fixiert sein. Unsere Aufgabe ist es unsere Komfortzone zu verlassen, um Neues zu entdecken, in dem wir nicht perfekt sind. Rückschläge auf Ihrem Lebensweg zeigen Ihnen, welchen Weg Sie nicht einschlagen sollten. Zum Beispiel wenn Sie jemanden nicht erreichen können, dann bedeutet dies, dass Sie diesen Menschen im Moment nicht brauchen oder, dass Ihr energetischen Zustand zur Zeit nicht ausreicht diesen Kontakt positiv zu gestalten und deshalb nichts funktioniert. Der Grund hierfür ist Ihr Mangel an Energie, deshalb wird alles nicht so ablaufen, wie es für Sie am besten wäre.

Ganzheitlichkeit bedeutet, dass Sie sich immer im Gefühl des Glücks und Genusses befinden, worauf keine äußeren Faktoren Einfluss nehmen können. Ihr innerer Zustand kann alle Ereignisse, die in Ihr Leben treten formen. Das Prinzip lautet: „Gleiches zieht Gleiches an." Was Sie in die Welt hinausstahlen, das bekommen Sie auch zurück.

Vergnügen bedeutet, dass sie im Einklang mit Ihrer Umgebung sind. Ihre Wünsche und Ziele stehen in Verbindung zu Ihrem Programm auf dieser Welt. Sie treten damit in Kontakt über Ihre energetische Kapazität. In Abhängigkeit davon wie hoch Ihr Energieniveau ist, erhalten Sie Ihr Wissen und Informationen, die Sie dann verstehen sollten. Wenn Sie Ayahuasca oder andere Drogen zu sich nehmen, dann wechseln Sie Ihren Bewusstseinszustand, obwohl Sie eigentlich nicht die nötige Energie besitzen. Da Sie im Moment der Einnahme dieser Drogen nicht die notwendige Kapazität besitzen, werden Sie danach in einen Zustand der Depressionen verfallen. Ihre Informationsverarbeitungsprozesse verlangsamen sich, weil Sie sie während der Einnahme zerstören. Sie werden nicht in der Lage sein, die Informationen zu nutzen, welche Sie unter Einfluss von Drogen wahrgenommen haben und es wirft Sie eine Entwicklungsstufe zurück. Sie erhalten Informationen die viel Kraft beinhalten, aber Sie befinden sich nicht in den entsprechenden Vibrationen um sie nutzen zu können. Deshalb werden diese Informationen Sie und Ihren physischen Körper angreifen.

Wenn Sie erfolgreich und wohlhabend sein wollen, benötigen Sie dafür Energie.

Diese Energie bedeutet Kapazität, mit der Sie die Welt wahrnehmen und Entscheidungen treffen. Wenn Sie Fortschritte wollen, dann müssen Sie auch anhalten können und alles was Sie tun ein Stück weniger (nicht zu 100%) und gelassener machen, als Sie es gerne hätten.

Was führt zu Verjüngung unseres Körpers und zur Erfüllung unserer Wünsche?

- Alles ein Stück weniger machen, als wir es gerne hätten
- Schnell umschalten können

- Für alles dankbar sein, sowohl für Gutes, als auch für Schlechtes
- Zugeben, wenn etwas noch nicht funktioniert und sagen, wie Sie es gerne hätten
- So handeln, wie Sie fühlen
- Sich nicht unterordnen
- Keine Angst haben

Wenn all diese Punkte von Ihrem Unterbewusstsein anerkannt und umgesetzt werden, dann dürfen Sie nicht damit angeben. Denn wenn Sie angeben, dann zerstört dies das Resultat. Wenn Sie davon sprechen, dann geben Sie einen Teil der Energie an den Menschen, welchem Sie davon erzählen. Da sich dieser Mensch auf einer anderen energetischen Ebene befindet, kann er die Information nicht annehmen und deshalb wird diese Information reflektiert und zerstört Sie. Die Energie wird zerstört, weil Sie zur Kompensation der fehlenden Energie Ihres Gesprächspartners verwendet wird.

Auch wenn Sie lange an etwas denken, dann zerstören Sie es. Sie müssen bei sich sein und alles mit einer Bedeutung machen zum Beispiel gehen Sie duschen und „säubern" dabei Ihre Energie; mit jeder Runde die Sie rennen, werden Sie reicher; jedes Mal wenn Sie abwaschen, verbessern Sie Ihr Karma; wenn Sie aufräumen, säubern und verbessern Sie Ihre Zukunft; putzen Sie Ihre Zähne und sprechen Sie dabei meine Zähne sind gesund und gerade, damit werden diese programmiert; trinken Sie Tee und vergrößern Sie die Menge an Liebe in Ihnen.

Alle Programme gehen in Ihr Unterbewusstsein und wenn Sie all diesem einen Stück weniger machen als Sie es gerne tun würden, dann erlangen Sie Energie, welche es Ihnen ermöglicht, dass Sie noch mehr davon bekommen. Dieser Prozess bedeutet Fortschritt.

Auf das Resultat fixiert zu sein führt dazu, dass Sie Energie verlieren. Wir setzten immer auf den Prozess und nicht auf das Ergebnis zum Beispiel bei der Heilung eines Patienten stellen wir uns zuerst das Ergebnis vor (max. 10 bis 15 Sekunden) und denken dann an etwas Anderes. Wenn diese Modelle in Ihr Unterbewusstsein gelangen und Sie sich nicht auf das Resultat fixieren, dann geschieht die Heilung von selbst. Die Patienten sollen sich während Ihres Heilungsprozesses in einem Umfeld von positiven Menschen aufhalten, damit sie sich verändern können. Der Heiler sendet Energie aus zur Wiederherstellung des Programms des Patienten. Wenn sich der Patient jedoch an seine Vergangenheit klammert, dann bekommt er Probleme auf allen Ebenen, da die Energie des Heilers nicht angenommen werden kann. Falls sich die Geschwindigkeit der Vibrationen erhöht, dann beginnen konservative Menschen dagegen anzukämpfen und machen damit alles selbst kaputt.

Menschen die in ein neues Umfeld gelangen, fangen an, sich entweder an diese neue Umgebung anzupassen oder diese zu zerstören, um ihre Stabilität beizubehalten.

Die meisten Menschen sind konservativ und nur ca.15% bringen die Menschheit voran. Diese 15% haben nicht das Recht die anderen Menschen, die alles zerstören zu beschuldigen. Denn ihre Aufgabe ist es Bedingungen zu schaffen, dass sich die Mehrheit der Menschen ändert. Zu den 15% gehören gute und ehrliche Menschen, die den Fortschritt gewährleisten. Ihnen ist es verboten sich über andere Menschen zu ärgern, zu beschweren bzw. sie zu verurteilen. Wenn Sie damit anfangen, dann nehmen Sie die Probleme dieser Menschen auf sich und müssen deren Karma abarbeiten.

Unsere Aufgabe ist es allen Menschen Liebe zu wünschen.

Wenn ein anderer Mensch etwas – aus meiner Sicht – falsch macht, dann soll man für ihn beten, dass er es zukünftig richtig machen wird. Derjenige wird sich dann innerhalb kurzer Zeit verändern.

Wenn meine Sicht jedoch verkehrt war, und es handelt sich um einen Menschen der bereits weiter entwickelt ist als ich, dann wird mein Beten Ihm helfen alles noch besser zu machen.

Wenn Sie sich um jemanden Sorgen machen, und aus Angst sich negative Gedanken um ihn machen, dann lösen Sie eine sich selbst erfüllende Prophezeiung aus. Wenn es sich zum Beispiel um die Gesundheit Ihrer Kinder Sorgen machen, dann werden sie irgendwann krank; denken Sie häufig negativ über ihr Business, dann werden hier Probleme auftreten.

Generell gilt, dass wir Beobachter sein sollen, zwar unsere Absichten haben aber die Umsetzung für andere Menschen nicht forcieren können. Wir können die anderen Menschen nur durch Beten und positive Gedanken unterstützen.

Wenn Sie emotional von den Geschehnissen abhängen und sich dessen nicht bewusst sind, dann werden Sie zur Marionette, welche vom Universum gelenkt wird. Auf einer hohen Ebene von Vibrationen ist es jedem verboten sich zu ärgern, Negatives zu wünschen und andere Menschen zu verurteilen.

„Geistige" Menschen halten sich für eine Elite, für sie sind der Verstand, der Geist, Kultur und Muse wichtiger als Liebe. Diese Menschen, die glauben ohne Liebe leben zu können, zerstören sich langfristig selbst.

Gott hat verschiedene Erscheinungen, er tritt u.a. in Form der Engel auf. Der erste Engel nach Gott ist Luzifer – ein gefallener Engel der für Wissen, Kreativität, Neuheiten und Entwicklungen steht. Sogar in der Bibel wird von ihm berichtet. Dort steht, dass Luzifer unter die Erde verbannt wurde, aber in Wirklichkeit handelt es sich um das achte Chakra des Menschen (das achte Chakra befindet sich unter unseren Füßen und erdet uns).

Das Wort „nicht" wird sowohl vom Universum, als auch vom Unterbewusstsein jedes Menschen nicht verstanden. Wir ändern die Welt mit unserem Bewusstseinszustand, indem wir auf sie einwirken. Wenn wir einen Zustand von Glückseligkeit und Freude empfinden, dann entwickeln wir uns weiter. Am Anfang lieben wir uns selbst und aus diesem Zustand des Überfluss der Liebe können wir andere Menschen lieben. Wir verarbeiten jene positive Energie, die zu uns kommt und in unserem Leben gelingt alles leichter. Wenn wir keine Verantwortung übernehmen, dann versucht das Universum uns zu zwingen auf den richtigen Weg zu kommen mit Hilfe von zum Beispiel Naturkatastrophen oder Kriegen. Wenn wir mehr Wissen erlangen als es unserem derzeitigen Energielevel entspricht, dann führt das dazu, dass wir andere Menschen verurteilen und wir Probleme mit unserer Selbstverwirklichung bekommen.

Da die Geschwindigkeit der Entwicklung des Lebens ständig steigt, schaffen es viele Menschen nicht, sich entsprechend zu verändern.

Jene 15% der Menschheit mit hohen Frequenzen, die die Welt verändern sollen, können den anderen Teil der Menschheit als Fundament ihrer Weiterentwicklung nutzen.

Früher wurden in der Kirche Opfer getötet, zum Beispiel ein Kalb, um Vibrationen zu erreichen, die die 15% unterstützen sollten. Wenn Menschen vor der Erfüllung ihres Lebensprogramms sterben zum Beispiel während einer Naturkatastrophe, wird mit dieser freigesetzten Energie der Fortschritt ermöglicht und das realisiert, was sie mit den niedrigen Frequenzen auf denen sie sich während ihrer Lebzeiten befanden nicht realisieren konnten.

In Wirklichkeit können nur sehr wenige Menschen Vollkommenheit erreichen. Den Menschen, die versuchen diesen Weg zu gehen wird von Wesen auf der Astralebene geholfen. Diese geben Tipps zum Beispiel in Form eines „Déjà-vu". Zum Beispiel treffen Sie einen Menschen, gehen gemeinsam Essen und erhalten von diesem ein interessantes

Geschäftsangebot, das dann auch so umgesetzt wird. In Wahrheit stammen die Gedanken aber von den Astralwesen, welche Sie führen. Weiterhin kann es sein, dass Sie etwas träumen, was später in der Realität eintrifft. All dies wird von Wesenheiten gesteuert, welche Sie auf die Ebene der Vollkommenheit geleiten. Niemand kann diese Ebene allein und ohne Hilfe von höheren, astralen Kräften erreichen. Es ist nicht wahr, dass alles von uns selbst abhängt. Alles hängt zwar von der eigenen Energie ab, aber eben auch von der Energie des gesetzlichen Rahmens und von dem vorgeschriebenen Lebensprogramm jedes Einzelnen. Das individuelle Lebensprogramm schreibt genau vor, was Sie wann und wo machen werden und was in Ihrem Leben funktionieren oder nicht funktionieren wird.

Wenn wir in die Gesellschaft eines glücklichen Menschen gelangen, dann gleichen wir uns entweder seiner Vibration an oder fangen an, diesen Menschen nicht zu mögen. Wenn Sie glücklich sind und nicht von dem emotionalen Zustand anderer abhängen, dann entwickeln Sie sich weiter. Wenn wir uns auf der Vibration der Liebe befinden, gleichen sich alle unsere Organe dieser Vibration an, was uns ein langes Leben und Jugendlichkeit verspricht. Unser Organismus beginnt, sich selbstständig zu regenerieren. Wenn Sie sich lange im Positiven befinden, wollen Sie nicht mehr erneut ins Negative absteigen. Wenn wir von Vollkommenheit sprechen, dürfen wir nicht zwischen richtig und falsch oder gut und schlecht unterscheiden. Dieses Leben fordert uns auf, eigene Erfahrungen zu machen - zum Beispiel wenn ein Mensch uns betrügen will aber ein erfolgreiches Geschäft anbietet, müssen wir es einfach ablehnen und uns weiter bewegen. Jene Menschen, welche nicht bereit sind sich weiterzuentwickeln, werden dieses Angebot einfach annehmen, weil sie sich auf niedrigen Frequenzen befinden und konservativ sind. Sie streben hier nach Sicherheit und Schutz. Wenn jemand nicht bereit ist sich weiter zu entwickeln, wird er zum Fundament für jene die dafür bereit sind.

Unsere Aufgabe ist es, ständig von einer Ebene auf die nächste aufzusteigen, indem wir verschiedene Methodeneinsetzen zum Beispiel die vedische Kultur, Vegetarismus, Veganismus, Joga, Tai Chi und andere, aus denen wir die dafür notwendigen Energien gewinnen können. Erst dann bewegen wir uns Richtung Vollkommenheit.

Was kommt nach Vollkommenheit?

Kreativität wirkt besser als Glaube. Wir fangen an eine Energie zu besitzen, die egal wie wir handeln oder egal an was wir denken, sich einfach von selbst zu realisieren anfängt. Wünsche und Träume realisieren sich in dem Moment von alleine. Wenn das so eintrifft, befinden Sie sich im Einklang mit Ihrem Lebensprogramm. Wir schaffen die Bedingungen und die Wesen der Astralebene helfen uns. Dadurch werden wir mächtig und fangen an selber unser Schicksal zu steuern. Was zuerst neu für uns erscheint, wird mit der Zeit zu etwas Selbstverständlichem.
Unser Körper regeneriert sich innerhalb von sieben Jahren komplett neu und so verändert sich auch unsere Welt entweder über niedrige Frequenzen, wenn wir es nicht schaffen uns weiter zu entwickeln oder über hohe Frequenzen, wenn wir uns im Einklang mit unserem Lebensprogramm befinden.
Wenn Sie depressiv werden bedeutet das, Sie können Altes nicht loslassen, wenn etwas Neues kommt. Das Neue zerstört das Vergangene und wir zerstören uns selbst mit dem Alten. Wir altern nur weil sich unser gesetzter Rahmen nicht erneuert. Deshalb müssen wir sterben. Uns droht der Tod, wenn wir unser Lebensprogramm nicht erneuern und uns nicht weiterentwickeln. Wenn Sie etwas mit Vergnügen machen und

dabei auf Ihre Intuition hören, dann fühlen Sie einfach und handeln Sie. Bei Ihnen wird alles viel besser funktionieren als Sie sich es nur vorstellen können, wenn Sie nicht Ihren Stolz zeigen, nicht angeben und sich nicht die Sorgen von anderen zu eigen machen werden. Die Geschwindigkeit der Erfüllung Ihrer Wünsche hängt davon ab, inwieweit Sie über andere Menschen reden und diese verurteilen. Damit sich Ihre Wünsche erfüllen, müssen Sie positiv denken was Sie wollen, aber intuitiv aus der Situation heraus handeln und nicht im Konflikt mit sich selbst sein und zugeben was noch nicht funktioniert. Zum Beispiel: Ja, ich ärgere mich gerade, aber beim nächsten Mal versuche ich anders zu handeln. Wenn Sie sich ärgern und wütend sind, ist dies ein Anzeichen für mangelnde Energie. Wenn wir unsere Gefühle unterdrücken, dann zerstören wir unsere Gesundheit, aber wenn wir auf Aggressionen und Wut hängen bleiben, beginnen wir uns auch zurück zu entwickeln. Zeigen Sie Ihre Gefühle kurz, geben Sie zu, dass Sie im Unrecht sind, aber fühlen Sie sich niemals schuldig. Schuldgefühle verursachen immer eine Bestrafung.

Der Geist und die Materie vereinen sich in der Energie der Vollkommenheit. Ihre Gedanken spiegeln sich in ihrer physischen Erscheinung und bestimmen Ihre Zukunft. Unser gesetzter Rahmen beeinflusst unsere Gesundheit und Energie und die Ereignisse, welche um uns herum geschehen. In unserem Lebensprogramm ist alles vorgegeben - Business, Gesundheit und Beziehungen. Wir handeln meistens nicht nach den Erfahrungen anderer Menschen, sondern müssen deshalb alle Erfahrungen selbst machen und über Probleme und Unannehmlichkeiten abarbeiten.

Selbstliebe – ist die Disziplin vom Leben zu profitieren und glücklich zu sein. Wir sind erfolgreich im Business und gesund, wenn wir alles im Hier und Jetzt erleben, Interesse an Neuem haben und uns weiterentwickeln, aber niemanden verurteilen, keine Ansprüche stellen, uns nicht rächen und unsere Gefühle nicht unterdrücken. Je mehr Sie nicht authentisch sind, nicht an sich glauben, Komplexe entwickeln, sich unterordnen, sich rechtfertigen, umso zerstörerischer sind Sie für sich selbst und Ihre Umgebung. Wenn Sie auch noch Schuldgefühle entwickeln, schaltet sich bei Ihnen das Programm der Selbstvernichtung ein, welches auf andere Menschen wirkt, die anfangen Sie zu demütigen oder zu beleidigen. Sie müssen sich akzeptieren so wie Sie sind und anfangen an sich zu arbeiten. Wenn Sie 110 kg wiegen, wenn Sie billige Serien schauen oder Stunden lang im Internet hängen, keinen Sport treiben, sich ungesund ernähren, sich nicht kalt duschen, keinen Frühsport machen, sich nicht mit positiven Menschen unterhalten, bedeutet all dies, dass Sie sich nicht lieben. Sie können sich nicht damit herausreden, dass Sie niemanden zum Reden haben oder Ihnen die Weißmehl-Brötchen so sehr gefallen, dass Sie sich nicht zurückhalten können diese zu essen. Sie müssen immer versuchen mit Ihren Schwächen zu kämpfen und sich trauen Ihre Komfortzone zu verlassen. Je mehr Sie etwas besitzen und es nicht benutzen, desto mehr zerstört es Sie, zum Beispiel, wenn Sie einen vollen Kleiderschrank besitzen, aber über die Hälfte der Sachen nicht tragen oder wenn Sie Sportgeräte besitzen, die Sie nicht benutzen oder ein teures Smartphone besitzen und die Hälfte der Funktionen gar nicht kennen.

Wenn Sie andere Menschen zerstören, verlieren Sie trotzdem Energie und Ihre energetische Basis sich verkleinert. Um effektiv zu sein, muss man ein starkes Rückgrat und Selbstvertrauen besitzen, aber auch Charme, und Weiblichkeit (bzw. Männlichkeit). Ihre Selbstverwirklichung hängt davon ab, in wie weit Sie diese Eigenschaften entwickeln.

Bei „vollkommenen" Eltern werden Kinder geboren, welche sich für ihre Eltern als Lehrer erweisen. Der größte Teil des Karmas wird aus der mütterlichen Linie vererbt und nur ein kleiner Teil aus der des Vaters.

Emotionale Menschen sind jene, welche nur über eine kleine energetische Kapazität verfügen. Sie freuen sich sehr stark bei positiven Ereignissen und verfallen sehr stark in Trauer bei negativen Vorfällen. Wenn diesen Menschen die Energie nicht ausreicht um neue Informationen zu verarbeiten, dann fängt Ihr physischer Körper an sich zu zerstören über Stress, Krankheiten und Altern. Wenn wir Energie haben, wollen wir uns mit anderen Menschen unterhalten, wenn nicht, dann möchten wir am liebsten vor Ihnen fliehen. „Vampire" sind schwache Menschen, welche sich unterordnen, beleidigen lassen, nicht authentisch sind und sich für jemanden ausgeben, der sie nicht sind. Vampire sind auch Menschen, die sich schuldig fühlen, sich beschweren, andere verurteilen und leere Unterhaltungen führen und gleichzeitig sich unvollkommen fühlen, Angst haben Altes loszulassen und Neues fürchten. All dies sind Anzeichen von Schwäche.

Vollkommenheit – bedeutet mehr Kraft als Schwäche. Es bedeutet Verantwortung zu übernehmen, seine Fehler zugeben und mit allen auf Augenhöhe zu kommunizieren. Bei vollkommenen Menschen werden Kinder zur Welt kommen, welche erleuchtet sein werden und eine Energetik besitzen, die die Eltern auf höhere Vibrationen zieht und ihnen zu Fortschritt verhilft.

Wenn Sie wollen, dass sich Ihr Leben von Grund auf verändert, dann müssen Sie jegliche Ratschläge an Ihre Freunde und umgebende Menschen bezüglich dessen wie man zu leben hat, aus Ihrem Leben verbannen. Weiterhin müssen Sie aufhören sich um andere Menschen Sorgen zu machen. Alle diese Dinge tun Sie nur aus Schwäche. Sie können glauben, dass Sie einfach ein sehr netter und hilfsbereiter Mensch sind, weil Sie jeden „retten" wollen und anhören. Dafür macht man Ihnen nämlich auch noch Komplimente: „Du bist mein Psychologe. Wenn ich dir meine Sorgen erzähle, wird es mir gleich leichter ums Herz.". In Wirklichkeit aber verschenken Sie Ihr Glück, Privatleben, Wohlstand und Reichtum und es bleibt nichts mehr für Sie selbst übrig.

Es gibt so eine Kategorie von Menschen, die sofort wenn sie Energie erhalten, das Bedürfnis verspüren, jemandem in der eigenen Umgebung zu helfen. Es kann sein, dass sie anfangen, Tieren zu helfen (irgendwelchen heimatlosen Katzen und Hunden). Es bedeutet nämlich, dass sie auf noch niedrigere Frequenzen abgesunken sind. Wenn Sie schwachen Menschen helfen, dann werden Sie selber noch schwächer. Schwache Menschen - das sind Menschen welche schnell beleidigt sind, klagen, ewig unzufrieden mit sich und ihrem Leben sind, alles und jeden verurteilen, viel reden und ständig zu spät kommen. Sobald Sie solchen Menschen helfen, können Sie mit Problemen, Unannehmlichkeiten und Krankheit rechnen. Sie beginnen schnell zu altern und werden kein normales Privatleben haben. Schwachen zu helfen ist einfach, deshalb kommt uns als aller erstes der Wunsch, wenn wir Energie bekommen die wir zurzeit nicht für uns selbst nutzen möchten, diese wieder loszuwerden. Es gibt verschiedene „angenehme" Wege Energie loszuwerden. Zum Beispiel denken wir plötzlich an Nächstenliebe, verteilen Ratschläge, wie man leben sollte oder hören uns die Sorgen anderer an. All dies bedeutet den Verlust von unserer Energie und gleichzeitig auch negative Auswirkungen auf unser Privatleben, unsere Gesundheit und Schönheit. Auch wenn mit Ihnen etwas Gutes geschieht, so wird es auf einem sehr schwierigen Wege und großen Unannehmlichkeiten geschehen. Doch wenn das eigentlich

Gute eintritt, werden Sie schon nicht mehr darüber glücklich sein.

Wenn Sie starken Menschen helfen, dann werden auch Sie selbst stärker. Starke Menschen geben Ihre Schwächen zu, übernehmen Verantwortung, bemerken was Ihnen gefällt und handeln nach dem Prinzip: „Lieber versuche ich etwas zu verändern, anstatt mich zu ärgern oder etwas oder jemanden zu verurteilen".

Wenn Sie Ihre gewonnene Energie jemandem verschenken, wie bereits oben beschrieben, verlieren Sie überhaupt nichts von Ihrer eigenen Energie. Sie wird einfach verschwinden. Jedoch um die gewonnene Energie für sich nutzen zu können, müssen Sie 10-mal mehr Energie weggeben im Vergleich zu dem, was sie gerade besitzen. Um dies zu veranschaulichen betrachten wir uns ein Beispiel:

Es ist wichtig Verantwortung zu übernehmen und „Nein" sagen zu lernen, ohne sich dafür zu rechtfertigen. Wenn Sie nämlich „Nein" sagen und sich nicht rechtfertigen, beispielsweisemöchte sich jemand von Ihnen Geld leihen, Sie wollen das nicht, dann sagen Sie „Nein" oder: Sie möchten nicht zu einem vorgeschlagenen Treffen, sagen Sie „Nein". Wenn Sie sich für Ihre Entscheidung „Nein!" zu sagen rechtfertigen, dann lassen Sie sich angreifen und zerstören sich damit. Wenn Sie jemandem Geld leihen und zu irgendwelchen Treffen gehen, die für Sie unwichtig halten, dann zeigen Sie Schwäche.

„Nein" zu sagen ist Ihr Maß an Sicherheit und die Voraussetzung dafür reich und erfolgreich zu sein. Außerdem die Voraussetzung dafür den Partner zu finden, der mit Ihnen übereinstimmt. Wenn Sie davon erzählen und angeben damit was Sie besitzen, zerstören Sie ihren Besitz dadurch.
Anders ist es, wenn Sie jemandem erklären, was Sie alles nicht haben (in Bezug auf Ihre Wünsche). Ideal ist es, wenn Sie wissen, dass diese Wünsche sich niemals erfüllen werden, weil sie schlicht und einfach unmöglich erscheinen. In diesem Falle können Sie von diesen absolut unrealen Vorstellungen erzählen. Zum Beispiel, dass sie am liebsten schon morgen eine eigene Wohnung in Paris oder einen Bentley besitzen möchten. Wenn Sie etwas wollen, was absolut verrückt erscheint, können Sie davon ruhig allen um sie herum erzählen. Jemand wird sich für sie freuen, andere werden Ihnen raten sich an einen Psychologen zu wenden, wiederum andere werden sie einfach mit solchen Ideen wegschicken und irgendjemand wird Ihnen sagen: „Hör auf zu phantasieren!". Denken Sie daran, dass jegliche Reaktionen von den Menschen auf Ihre Wünsche positiv wirken und Ihnen bei deren Realisation helfen werden. Falls Sie jemandem Ihre wahren Wünsche und Träume erzählen, dann reden Sie nur mit starken Menschen darüber! Andernfalls halten Sie sich einfach zurück und handeln Sie, ohne davon zu erzählen.
Folgendes ist sehr wichtig!

Wenn Sie von etwas Unmöglichem sprechen, können Sie dies jedem erzählen, sowohl starken als auch schwachen Menschen, einfach wildfremden Menschen auf der Straße oderihren Haustieren. Wenn Sie etwas wollen, es aber völlig unrealistisch erscheint – seien Sie mutig und erzählen davon!
Aber es gibt „kleine" Regeln:

- Sie erinnern sich im Alltag wer, bzw. was sie sind: Ich bin eine Frau / Ich bin ein
Mann und lebe, um glücklich zu sein und um das Leben zu genießen.
- leben Sie nach dem Prinzip: nachgedacht – durchgeführt, geplant - realisiert
- machen Sie alles ein bisschen weniger als Sie es gerne tun würden
- kommunizieren Sie mit Menschen, die sich mit Ihnen auf einer Ebene befinden
- lieben Sie Sex, denn ohne ihn geht nichts

(Manche Menschen fragen: „ Geht es auch irgendwie ohne Sex?". Die Antwort lautet: „Es ist möglich, aber es wird sehr einsam und traurig werden").
Wenn Sie beginnen diese einfachen „kleinen" Regeln zu befolgen, dann werden sich Ihre Wünsche anfangen zu erfüllen. Jedoch wenn Sie für diese Wünsche nicht bereit sind, dann werden Sie durch Ihre eigenen Wünsche „verschlissen". Wenn Sie der Erfüllung Ihrer Wünsche Bedingungen stellen, ist es

wichtig, ausreichend Energie für jeden Ihrer Wünsche zu haben. Deshalb ist es von Bedeutung sehr vorsichtig mit dem zu sein, was man sich wünscht, denn Wünsche haben die Eigenschaft in Erfüllung gehen zu können.

Es gibt auch einen umgekehrten Fall: wenn Sie zum Beispiel morgen einen Termin zur Unterzeichnung des Kaufvertrages ihrer neuen Wohnung haben und Sie schon heute vielen Leuten davon erzählen, dann wird es höchstwahrscheinlich gar nicht erst zum Kauf der Wohnung kommen. Dieses Prinzip lässt sich auf alles übertragen: Immobilien, Autos, jegliche andere Käufe, Geschäfte, Gesundheit, Reisen, etc.

Das bedeutet, dass Sie alles zerstören können, indem Sie davon erzählen. Am interessantesten ist jedoch, dass es nicht schlecht für Sie sein wird, sondern einfach nur traurig.

Wenn Sie ein hohes Energieniveau besitzen, dann werden Sie Geld anziehen. Wenn Sie nicht die notwendige Empfindsamkeit besitzen, wird das Geld Sie entweder zerstören, oder es wird einfach an ihnen vorbeiziehen. Deshalb ist es notwendig, dass wir unsere Empfindsamkeit ausbilden und weiterentwickeln. Empfindsamkeit – bedeutet Kapazität bzw. Energieniveau, das heißt, wenn in Ihrem Leben etwas geschieht, empfinden Sie dabei keine Euphorie sondern bleiben Sie einfach ruhig und fühlen sich gut.

Jene Menschen, welche einen großen Erfahrungsschatz besitzen sind sich dessen nicht bewusst, können aber alles kontrollieren.

Entwickeln Sie deshalb Empfindsamkeit, denn finanzielle Unabhängigkeit ist ein Zustand, indem Sie ruhig und gelassen sind. Sie sind dann im Einklang mit Allem und hängen nicht von der Meinung anderer ab.

Es gibt verschiedene Wahrnehmungsebenen, die uns Informationen vermitteln: visuelle, auditive und emotionale (gefühlsbasierte) Informationen.

Alle diese Informationen gehen in unser Bewusstsein ein und veranlassen uns unbewusst zu handeln.

Eine Information für sich genommen ist nichts weiter als die Verpackung von einer Praline. Ihr persönlicher Zustand äußert sich über die Gesetze der Weltanschauung in Form von Energie, die sich ihrerseits in Form von Geschehnissen und Möglichkeiten ausdrückt. Entweder nutzen Sie dies aus und werden besser, oder Sie treten in einen Konflikt damit.
Das für sich ist weder gut noch schlecht. Es handelt sich lediglich um einen Prozess.
Je höher Ihr Niveau, desto höher sind die Anstrengungen zur Erhaltung dieses Niveaus.
Wenn Sie im Besitz einer ausgeprägten Intuition sind haben Sie die Möglichkeit Geschehnisse zu beeinflussen. Aber es ist entscheidend, eine darauf ausgerichtete Disziplin aufzubringen.

Sie müssen, um ihr gestecktes Ziel zu erreichen, mit den damit verbundenen Einschränkungen umgehen können.

Fakt ist, dass Sie selbst diese Einschränkungen hervorgerufen haben.

Wenn Sie über Fähigkeiten verfügen und diese auch nutzen, wollen Sie besser werden und dieses Wollen beginnt Druck auf Sie auszuüben. Es ist vergleichbar mit einem guten Arbeiter, der einen besseren Lohn haben möchte. Wenn er sich entwickelt, sich vorwärts bewegt und seine Professionalität ausbaut, wird er auch besser bezahlt werden. Denn sonst entsteht kein entsprechendes Äquivalent. Das Fehlen der angemessenen Bezahlung führt zu Problemen und kann sich zum Beispiel negativ auf die Gesundheit auswirken.

Wenn Sie über bestimmte Fähigkeiten verfügen, so müssen Sie Ihr eigenes Niveau stetig ausbauen. Wenn Sie auf ein- und derselben Stufe stehen bleiben, wird sie Sie zerstören und Sie werden ärmer werden.

Zur besseren Anschaulichkeit folgendes Beispiel: Vor vielen Jahren hatte ein Mann Handel auf einem Marktstand betrieben. Danach kaufte er sich einen eigenen Laden. Auch seine Markt-Kollegen kauften sich Läden, die sie anschließend zu Pavillons und zu Supermärkten erweiterten, während der Mann noch immer in dem kleinen Laden verkaufte. Das, was ihm anfangs noch ein gutes Einkommen verschaffte, warf keinen Gewinn mehr ab und verursachte mit der Zeit sogar Verluste. Irgendwann kamen städtische Behörden, machten seinen Laden dicht und rissen ihn ab. Somit verlor der Mann seine Existenzgrundlage. Wieso passierte das? Der Mann verpasste den rechtzeitigen Sprung von Stufe zu Stufe, somit konnte es bei ihm keine Vorwärtsentwicklung geben.

Es gibt Dinge, die Sie in ihren Schicksalsbeziehungen zerstören. In solchen Fällen sind globale Veränderungen notwendig.

Es gibt außerdem Dinge, die Sie in ihrer persönlichen Situation angreifen.

Wenn Sie sich im Einklang mit ihrem Energie-Level vorwärts bewegen, so ist bei Ihnen alles gut; bewegen Sie sich schneller, entstehen Probleme. Aber auch wenn Sie sich nur träge oder ganz und gar nicht vorwärts bewegen, werden Sie Probleme bekommen. Menschen, die bereits gute Fähigkeiten besitzen, brauchen Disziplin in einem viel größeren Ausmaß als Menschen, die keine besonderen Talente besitzen.

Um zu erreichen, dass die eigenen Kinder ihre Fähigkeiten realisieren und erfolgreich werden können, müssen ihnen bereits in der Kindheit Bedingungen gestellt werden: ZUM BEISPIEL wenn du deine Hausaufgaben ordentlich erledigst oder im Haushalt hilfst – darfst du am Computer spielen oder nach draußen gehen. Bestehst du deine Prüfungen gut – bekommst du ein Fahrrad usw. Auf diese Weise impliziert man ihnen ein Verhaltensmodell, in dem sie materielle Güter erhalten nachdem sie nützliche Handlungen ausgeführt oder einen Arbeitsgang abgeschlossen haben.

Wenn Sie anfangen ihrem Kind Dinge einfach so zu geben, begreift es den Wert nicht und wird in der Zukunft alle die

Menschen nicht verstehen, die ihn darauf hinweisen, dass man sich etwas vorher erarbeiten muss, um es dann zu bekommen. Das Kind gewöhnt sich daran Dinge schnell und einfach zu erhalten ohne sich vorher anstrengen zu müssen.

Automatisch fängt es an seine Eltern zu hassen, die ihm dieses Modell und das Verständnis der Notwendigkeit von Fleiß nicht zur richtigen Zeit vermittelt zu haben.

Wenn Sie Menschen ohne Grund etwas geben, verlieren diese dessen Wert aus den Augen und werden Sie dafür hassen, wenn zu einem späteren Zeitpunkt der Preis dafür von ihnen gefordert wird. Oder sie haben Unverständnis dafür, weil sie jetzt erst begreifen, dass sie seinerzeit das materielle Gut ohne eigene Anstrengung bekommen haben und sich inzwischen daran gewöhnt haben. Plötzlich erkennen sie, dass sie anfangen müssen zu arbeiten und dies eigentlich gar nicht wollten. Darum bedenken Sie: Sie übernehmen immer Verantwortung für alle die sie verwöhnen. Aber eine eiserne Disziplin ist genauso wenig das Maß aller Dinge. Wenn Sie ihre Kinder auf eine harte und unnachgiebige Art und Weise dazu zwingen, zum Beispiel das Bett zu machen, abzuwaschen, die Hausaufgaben zu erledigen oder Ordnung zu halten, es dabei aber selbst nicht machen und dem Kind nicht vorleben, so bekommt das Kind Probleme mit der Gesundheit. Das könnte sich in Form von Diabetes, erhöhtem Blutdruck oder Traumata auswirken, ebenso kann es zu Hass ihnen gegenüber führen. Derartig drastische Erziehungsmaßnahmen könnten Ihr Kind sogar brechen und dann wird es nie mehr zu einem normalen Menschen werden können. Das erste, woran Sie denken müssen bei der Kindererziehung ist, dass Sie selbst die Dinge mit Freude tun zu denen Sie das Kind anleiten möchten. Die Betonung liegt darauf, tatsächlich Freude zu empfinden und diese nicht nur vorzuspielen. Ein Beispiel: wenn die Mutter es hasst das Haus zu putzen und sich dazu schweren Herzens trotzdem überwindet, so wird die Haltung des Kindes gegenüber Aufräumarbeiten noch spärlicher, bzw. sehr gering ausfallen. Wenn die Mama Spaß daran hat aufzuräumen, und dabei nicht diejenigen verurteilt, die Unordnung machen oder es nicht mögen aufzuräumen, dann werden ihre Kinder auch Lust haben ihr eigenes Zimmer in Ordnung zu halten. Wenn wir Vergnügen an ganz alltäglichen Handlungen haben, möchten sich Menschen in unserem Umfeld gern dazugesellen um ebenso die Energie des Vergnügens abzubekommen.

Das System funktioniert allerdings nicht, wenn Sie etwas mit Vergnügen machen aber gleichzeitig diejenigen verurteilen, die es nicht so tun wie Sie. Glück ist ein Zustand in dem Sie in erster Linie in Harmonie mit sich selbst leben. Sobald Sie damit aufhören Ansprüche an sich selbst zu stellen, beginnen Sie sich als die Person anzunehmen, die Sie sind und entwickeln sich weiter. Dabei erreichen Sie Freude an der Weiterentwicklung und können so alle Ihre Programme realisieren. Wenn man von Glück spricht muss man verstehen, dass wir uns in einem vorgegebenen Rahmen befinden, der aufgrund unserer

Vergangenheit, unserer Eltern und Vorfahren genetisch definiert ist. Während unseres Lebens bekommen wir die Chance unsere individuelle Persönlichkeit zu verwirklichen. Sobald wir damit aufhören an unseren Schwachstellen zu arbeiten und anfangen uns mit unseren Gegebenheiten zu arrangieren beginnt ein Rückschritt.

Wer sind wir und worin liegt der Sinn unseres Lebens?

Wir sind Wesen, die auf diese Welt gekommen sind, um Lehren aus dem Leben zu ziehen, um unsere Schwächen ständig zu überprüfen und eine größtmögliche Menge an Erfahrung in einem festgelegten Lebensumfeld zu machen. Es gibt Gesetze und Bedingungen, die uns nicht „echt" sein lassen, sondern uns nur die Möglichkeiten geben uns innerhalb dieses Rahmens anzupassen. Ein Mann wird heutzutage oft über seinen finanziellen Wohlstand definiert. Aber Eigenschaften wie Protzerei sollten ihm fremd sein. Außerdem darf er sich weder im Geistigen, noch im Materiellen festfahren, er muss Verantwortung für sich und seine Taten tragen und nach dem Prinzip leben: „Wenn ich etwas denke – mache ich das auch!". Allerdings trifft man solche Männer selten, da anfangs alle Männer Yin-energisch sind. Darum müssen sie Yang-Energie produzieren, nämlich: Respekt, Verantwortung und Kommunikation auf Augenhöhe. Ein Mann muss „Nein" zu dem sagen, was ihm nicht entspricht und „Ja" zu dem sagen, was für ihn nützlich ist und ihn weiterbringt. Wenn er jedoch einerseits seine Messlatte zu hoch setzt oder andererseits, seine

Ansprüche an sich selbst zu niedrig festsetzt, dann wird er keinen Erfolg haben. Jedes Tun hat seine Wertigkeit und muss entsprechend der eingesetzten Energie bezahlt werden.

Wenn Sie Ihre Arbeit zwar qualitativ erfüllen, sich dabei aber nicht auf der entsprechenden energetischen Stufe befinden, kann das zu Depressionen, einem Drang zu Alkohol und Drogen oder zu schweren Erkrankungen führen. Menschen, die sich entwickeln möchten, müssen ihre Rahmenbedingungen und ihre Weltanschauung ändern. Wie erkennt man zum Beispiel dass man bereit ist „neues" Geld zu erhalten, bzw. reich zu werden? Die Antwort ist einfach: Man ist nur dann bereit dazu, wenn man dieses neue Geld für die eigenen Wünsche oder die eigene Weiterentwicklung einsetzen will. Das bedeutet, die ersten zehn spontanen Wünsche dürfen nicht zur Unterstützung anderer Menschen verwendet werden, egal ob es Kinder, Verwandte oder Fremde sind. Am schlimmsten ist es, wenn man das Geld einsetzen würde um Schwache zu retten, also jenen Menschen helfen zu wollen, die sich beschweren, vieles verübeln, verraten, lügen (das Gewünschte für die Realität ausgeben), sich rechtfertigen, andere verurteilen, häufig depressiv sind und keine Verantwortung tragen wollen. (Schwache Menschen wollen im Allgemeinen, dass es keine Reichen gibt und möchten dass alle gleich arm sind). Wenn Sie erfolgreich sein wollen, dann hören Sie auf sich zu rechtfertigen und für schwache Menschen den Wohltäter zu spielen. Fangen Sie an Verantwortung zu tragen und zu handeln. Richten Sie sich dabei nicht nach jemandem, der nichts getan hat und dabei reich geworden ist. Dieser hatte lediglich ein anderes Programm - es ist vergleichbar mit dem Schulunterricht: jemandem fällt Physik leicht, ein anderer verbringt damit Stunden. Der zweite muss seine Probleme überwinden, dann kehrt die eingesetzte Energie vervielfacht zu ihm zurück. Ein Mensch, dem eine Aufgabe von Anfang an leicht fällt, schätzt den Erfolg nicht, er fängt an sich damit zu arrangieren, er wird gleichgültig und letztlich zerstört ihn der Erfolg.

Ein deutsches Sprichwort sagt: „Jeder ist seines Glückes Schmied". Wenn wir uns im Hier und Jetzt befinden, wenn wir augenblicklich eine Sache beenden können, etwas Neues anfangen können, den Tod akzeptieren und versuchen uns nicht von der Meinung anderer abhängig zu machen, dann beginnen wir die Energie zu leben, die uns gegeben wurde.

Was sind Depressionen? Depressionen sind ein Konflikt zwischen nicht realisierter Energie der Gegenwart und der kommenden Energie der Zukunft. Wollen Sie nahezu immer in einem Glückszustand verweilen, der nur selten ein kleineres Tief hat? Dann leben Sie gegenwärtig, im Hier und Jetzt und seien Sie dazu bereit, sowohl im nächsten Moment zu sterben, als auch ewig weiter zu leben. Wenn Sie im Hier und Jetzt leben verbrauchen Sie Energie, die Sie für Ihre Gegenwart zugeteilt bekommen haben. Es bedeutet: Glück ist es, wenn Sie genau das verbrauchen, was Ihnen für Heute gegeben wurde. Einerseits sind Sie dann emotional nicht von dem Geschehen abhängig, andererseits beobachten Sie die Empfindungen, die Sie während der Interaktion mit ihrer Umgebung erleben. Sie erhalten so in diesem Moment jene Energie, die Ihnen für die Gegenwart gegeben wurde, und schaffen günstige Umstände für den Übergang in die Zukunft. Bildlich gesprochen: Sie haben ihr Auto gefahren und merken jetzt, dass es seine beste Zeit hinter sich hat. Daraufhin verkaufen Sie es ohne es zu bereuen und legen sich ein neues Auto zu Man soll stets nach dem Prinzip „Denken und umsetzen" leben. Was bringt dies überhaupt? Dieses Lebensprinzip schafft Umstände, dass das energetische Feld in die Materie übergehen kann, also „Yin" zu „Yang" wird. Yang wandelt sich um in Yang-Handlung und Yang-Handlung wandelt sich wiederum in Yin-Materie um. Wenn Sie anfangen nach diesem Prinzip zu leben, werden Sie immer mehr bekommen.

Dazu ein Beispiel: Eine junge Frau wollte ihr Leben verändern. Sie wurde beraten, was sie zu tun habe um sich zu ändern, also wo und auf welche Art und Weise sie an sich selbst arbeiten solle um sich wie eine Frau zu fühlen und ein Mensch zu werden, der Gedachtes umsetzt und Geplantes realisiert.

Sie hat eine Technik auf ihren Weg mitbekommen, und zwar: Die Affirmation „Ich bin eine Frau. Ich lebe hier und jetzt um glücklich zu sein und Vergnügen zu haben" laut aussprechen; dabei den Bauch einziehen, die unteren Bauchmuskeln anspannen und diese ganze „Übung" dann in das „Fundament" (das 8. Chakra) senden. Die Frau begann diese Technik aktiv

umzusetzen. Dies führte nach eigenen Angaben dazu, dass sie einige Zeit später einen reichen Mann getroffen hat, der sich in sie verliebte. In wen genau verlieben sich Männer und Frauen, wenn sie sich ineinander verlieben? Die Antwort ist: Sie verlieben sich grundsätzlich wechselseitig in die Energie des Gegenübers und nicht zum Beispiel in das tolle Aussehen, obwohl das am Anfang natürlich auch eine Rolle spielt! Dank der angewandten Technik hatte sich die Energie der Frau sehr verstärkt, deshalb wurde sie von dem Mann geheiratet. Aber nachdem sie verheiratet waren, begann das Geschäft des Mannes Verluste zu machen. Er hatte zwar ihre Energie geheiratet, die Frau hatte jedoch eine wichtige Voraussetzung nicht geschaffen - sie hat weder ihre Lebenseinstellungen noch ihre Angewohnheiten geändert, sie wurde nicht zu dem Menschen, der Gedachtes umsetzt und Geplantes realisiert, sie hat sich ihre Ängste nicht eingestanden und hat nicht das gesagt, was sie in Wirklichkeit fühlte. Die Veränderung des Charakters einer Frau und ihr Verhältnis zur Umgebung werden IMMER an erster Stelle stehen. Die weibliche Energie ist immer die Basis für den Erfolg eines Mannes. Darum ist es wichtig, sich dessen bewusst zu sein, dass jegliche Techniken oder Modelle (seien es Atemübungen, physische Übungen etc.) zweitrangig sind.
Versuchen Sie diese Information in Ihr Leben einzubringen.
Falls Sie eine Konsultation benötigen, stehe ich Ihnen gerne zur Seite. Mehr Informationen auf meiner Webseite:

www.heilung-mit-kosmoenergetik.de

Herstellung und Verlag:
BoD - Books on Demand, Norderstedt
ISBN 978-3-7431-1920-8